無限的小黃瓜

多數的謎題需要通用的規則和特定的提示。

通用規則的例子：
- 在數獨中，每個方格都要填入一個數字。
- 在填字遊戲中，單字是水平或垂直的，不會斜向排列。

特定提示的例子：
- 在今天的數獨謎題中，左上角的方格是數字「6」。
- 在今天的填字遊戲中，提示是「橫排第26個：希臘的狩獵之神」。

無限的小黃瓜則不一樣。
它們只需要通用規則，就足以創造出從簡單到複雜、無限多的謎題。

由於它們在難度上可以做調整，**無限的小黃瓜**可同時用於激發低成就與高成就學生的興趣。教育者不需要針對不同程度的學生準備多種活動，這些活動適合所有的學生。☺

隨著難度提高，成年的謎題愛好者也能投入在**無限的小黃瓜**中。你可以自我挑戰、和我較量、或者聚在一起與朋友比賽。

在每一個**無限的小黃瓜**中，我都放入了一些我最好的答案。我通常不會花太多時間去證明這些是最好的答案，也不使用電腦來幫助我。這表示你可能會贏過我。這很有趣！在第一版和第二版之間已經發生過這種情況。紐約的一名六年級女孩 Amelie Cao，在一個謎題中以 2133 分的高分超越了我的最高分數。我會讓你自己找出是哪個謎題！

每當我的最佳答案即將出現時，我會大喊「劇透警告！」

譯者註：在英文中，「Pickle」有著雙重含義。它可以指脆口的綠色食物，即酸黃瓜。而「in a pickle」則表示處於一種困惑、不確定要朝哪個方向前進的狀態。在這本書中，小黃瓜具有謎題的意思。

無限的謎題

我喜歡我讀過的每一個章節（並且我讀過全部）。
我真的很喜歡《彩繪烏克蘭》這個謎題（不幸的是，烏克蘭
的地圖可能會改變...），還有《壞掉的尺》這個謎題（來自
續集：《無限+1的小黃瓜》）。哇，這些真是讓小學生也
能理解的組合數學。

Nitsa Movshovitz-Hadar
以色列，海法

Nitsa 是以色列理工學院的
數學教育名譽教授。

《無限的小黃瓜》......簡直太棒了！
我被這些謎題的創意及創新驚呆了！

James Tanton
美國，亞利桑那州

James 是美國數學協會的
「Mathematician-at-Large」，
他是爆炸點點（Exploding dots）的發明者。

Google
搜尋
Exploding
dots

非常感謝你提供這些精彩的謎題和遊戲！它們帶來許多的歡樂！

Gabriella Pinter
美國，密爾瓦基

Gabriella 是威斯康辛大學密爾瓦基分校數學科學系的教授。

就像印度餐點少了小黃瓜就不完整一樣，數學的根基也不能缺少《無限的小黃瓜》體現的趣味性。每個章節都帶有好玩、簡單、色彩豐富和有趣的遊戲和活動，可以激發思考。學習數學最好的方式就是如此—透過純粹的樂趣和遊玩。

Kiran Bacche
印度，班加羅爾

Kiran 經營著班加羅爾數學圈 (Bangalore Math Circle)。他也是dhimath.org的聯合創始人。

第五頁
去哪了？

多數的書籍在編排頁碼時都使用了一個可預測、乏味的數列，**這太浪費了！**

在翻開每一頁之前，試著推測下一頁的頁碼。它會是一個整數，且恰好只有前面某兩頁碼之和會是它。

你可以在第847頁上看到所有小於1000的烏拉姆數列 (Ulam numbers) 的清單。

感謝烏克蘭利維夫的Stanisław Ulam提供這個數列！

蘋果：當你要與孩子們一起使用這本書時！

許多時候，那些在教授數學的人，只關注在學生運算能力的精熟上，以及使用各種教學技巧迫使學生們遵守。讓我們將這重新開始，認識一些很棒的謎題可以讓你在與小孩子一起做數學時是愉快且有成效的。

就像你無法用哈莉奎茵浪漫小說成為一個優秀的英語老師一樣，你也無法用平淡無趣的謎題成為一個優秀的數學教育者。最好的謎題有助於我們讓孩子們能做到我們所期望的事情。按重要性來說，我們希望他們能：

#1 解決問題，
#2 在失敗後仍然能持之以恆，
#3 獲得數學技能。

這樣的清單已足夠父母和家教的使用，但教師還會需要：

#4 同時激發低成就與高成就學生的學習興趣。

這本書中的 **無限的小黃瓜** 能夠實現所有這些目標。

在 **無限的小黃瓜**，你要做的不是想辦法以輕鬆的方式教授知識，而是盡可能以引人入勝地方式去教。教加法運算是簡單的。問題是，在你開口之前，班上前20%的學生已經知道如何進行加法；而班上最後面20%的學生正在努力記住去年的課程。

無限的小黃瓜，讓你可以用引人入勝的方式讓整個班級一起學習，直到有90%的學生理解其中的原理。當班級分成小組時，你可以自由地巡視班級，幫助其中最需要幫助的小組。優秀的孩子們會進入解題的活動（從不浪費時間），而有困難的孩子們努力在學會數學技能。

與孩子們一起工作是一門實驗性的科學。我的一些想法可能對你有用，而有些則可能不適用。請根據你的需要採納或忽略這些想法。祝你一切順利。

Gord!

附註：在整本書中，當我對那些與孩子們一起使用這本書的人有話要說時，我會使用蘋果符號。😊

當教授 29 小於 30 時，用「不會斷的義大利麵」替代一節普通的課程。當教授計數時，用「跳躍的青蛙」替代一節普通的課程。當教授位值時，使用「彩繪烏克蘭」。**所有這些「無限的小黃瓜」都可以替代標準的課堂體驗，並適用於任何課程。**它們也可以用於年齡較大的孩子，因為它們都強調問題解決，這是高品質數學教育的核心。

小黃瓜：
給沈迷於此的你！

你感覺今天的你像個沈迷於數學的怪咖。現在是時候挑戰一個美妙的謎題了。這本書將給你無數個選擇。當你準備檢查答案時，可以將它們與我的最佳結果進行比較。

當你結束了沉浸於謎題中的時光，也許是時候幫助其他人了。大多數這些謎題在傳統上被歸類為娛樂數學。這樣輕視了它們的價值。它們更具價值的地方在於它們是教學上的寶石。它們能夠吸引各種不同能力的學生。

你們當中有些人是天才兒童。你的老師必須找到一種方法來引起你的興趣，同時不失去坐在你旁邊、學習上有困難的孩子對學習的興趣。平凡無趣的問題是不可能做到這一點的。去證明這些謎題價值的方式，並不是你會發現它們非常有趣，而是你的所有朋友都會發現它們非常有趣。

如果你開始與小學的教室互動，你將得到很多收穫。激勵年輕人的那些微妙之處可能不是你所擅長的，但這種合作其實具有很大的價值。

你可能認為向年輕人進行有意義的推廣的最佳機會是在高中，但我認為你在推廣它們時，最有效的方式是與小學老師們並肩合作。在這裡，你將找到充滿好奇心的學生，願意合作的老師以及比高中更靈活的課程。

Gord!

附註：在整本書中，當我對那些沉迷於謎題的人有話要說時，我會使用小黃瓜符號。😐

不會斷的義大利麵

我曾經拜訪過一位吝嗇的謎題愛好者，他在晚餐的盤子上標上了數字。當我感到肚子餓時，他煮了一條義大利麵。

這位謎題愛好者要求我選擇一個數字。**我選擇了14。**然後，我的義大利麵被擺在盤子上，從14開始放，每次都放到未被放上義大利麵條的最小相鄰數字。

x 不允許對角移動。

吝嗇的謎題愛好者說，如果我填滿盤子，我就可以吃掉我的義大利麵，否則義大利麵就要被切

斷，而這樣很不好。**因為我會沒有晚餐吃。**

- 14是一個好選擇嗎？
- 有哪些數字可以完成？
- 有哪些數字會失敗？
- 不同尺寸的盤子是否存在某些共同性質？

劇透警告！

0	1	2	3	4	5
6	7	8	9	10	11
12	13	14	15	16	17
18	19	20	21	22	23
24	25	26	27	28	29
30	31	32	33	34	35

0	1	2	3	4	5
6	7	8	9	10	11
12	13	14	15	16	17
18	19	20	21	22	23
24	25	26	27	28	29
30	31	32	33	34	35

沒錯，**14是一個不錯的選擇。**全部的義大利麵都能夠完整地放在盤子上，無需切斷。讓我們將14這個數字塗上綠色表示慶祝。

並不是所有的數字都能夠符合要求。如果選擇了31，義大利麵將無法填滿盤子，我需要將它切斷。正如所有的義大利人都知道的，斷掉的義大利麵並不像不斷掉的那麼好吃。

我將31塗上紅色作為警告！

在下一頁，我們將呈現這個6x6盤子以及其他大小從1x1到8x8的盤子，塗上紅綠色結果。

劇透警告！

所有的教室中都有自信心低落的孩子。當你想在全班同學面前點名他們時，你可以用什麼問題，以確保這個孩子有一個正面的經歷呢？

"Connor，選一個你認為會失敗的位置。"

這對於年幼的孩子來說是良好的教學法，因為如果Connor找到一個失敗的位置，你可以恭喜他。如果Connor找到一個成功的位置，你可以用不同的方式恭喜他。在這兩種情況下，你的目標是繞過自信心問題，讓孩子能夠放鬆，享受解決問題的樂趣。

0	1	2	3	4	5
6	7	8	9	10	11
12	13	14	15	16	17
18	19	20	21	22	23
24	25	26	27	28	29
30	31	32	33	34	35

0	1	2	3	4	5
6	7	8	9	10	11
12	13	14	15	16	17
18	19	20	21	22	23
24	25	26	27	28	29
30	31	32	33	34	35

0	1
2	3

0	1	2	3
4	5	6	7
8	9	10	11
12	13	14	15

0	1	2	3	4	5
6	7	8	9	10	11
12	13	14	15	16	17
18	19	20	21	22	23
24	25	26	27	28	29
30	31	32	33	34	35

這是我在6x6盤子上的塗色情況

0	1	2	3	4	5	6	7
8	9	10	11	12	13	14	15
16	17	18	19	20	21	22	23
24	25	26	27	28	29	30	31
32	33	34	35	36	37	38	39
40	41	42	43	44	45	46	47
48	49	50	51	52	53	54	55
56	57	58	59	60	61	62	63

0	1	2
3	4	5
6	7	8

0	1	2	3	4
5	6	7	8	9
10	11	12	13	14
15	16	17	18	19
20	21	22	23	24

0	1	2	3	4	5	6
7	8	9	10	11	12	13
14	15	16	17	18	19	20
21	22	23	24	25	26	27
28	29	30	31	32	33	34
35	36	37	38	39	40	41
42	43	44	45	46	47	48

我選擇這個謎題是因為我喜歡吃義
大利麵 :) 我喜歡畫長長的義大利麵，
然後用綠色來上色。我不喜歡義大利
麵被切斷，我必須用紅色上色。

Arven 剛結束一年級的生活，她喜歡數學，
但更喜歡藝術。她住在土耳其的安卡拉。
她的媽媽 Özgül，是特殊教育的博士。

26

依照盤子1到8的結果，請在看下一頁的解答之前，推測這個10x10的盤子的著色情況。

如果你找不到0到99的數字圖表，可以使用1到100的數字圖表。

我使用了一個0到99的數字圖表。這不容易找到，但相較於更常見的1到100的數字圖表來說是更好的。為什麼呢？

- 因為我們應該要去辨識簡單的模式，而對於學生來說，最重要的一個就是十進位。
- 每一行中的數字都有相同數量的「十位數」。
- 從左到右，「個位數」從0到9增加。

我有時候會使用翻頁圖表，第二頁是100到199的數字，第三頁是200到299的數字，以此類推。每一頁都包含相同數量的「百位數」的數字。如果我翻到了「72」，我知道「172」就在正下方。

0	1	2	3	4	5	6	7	8	9
10	11	12	13	14	15	16	17	18	19
20	21	22	23	24	25	26	27	28	29
30	31	32	33	34	35	36	37	38	39
40	41	42	43	44	45	46	47	48	49
50	51	52	53	54	55	56	57	58	59
60	61	62	63	64	65	66	67	68	69
70	71	72	73	74	75	76	77	78	79
80	81	82	83	84	85	86	87	88	89
90	91	92	93	94	95	96	97	98	99

在較小的盤子上，
你可能觀察到了很多模式：

- 最右側的一行似乎會交替出現綠色和紅色。
- 右側的第二行似乎大部分都是紅色的。
- 盤子上一部分是棋盤格樣式。
- 底部的一列似乎大部分是紅色的。

奇數邊長和偶數邊長的盤子，是有差異的。
10 x 10的盤子與6 x 6和8 x 8的盤子有更多共同
處，而與5 x 5和7 x 7的盤子有較少共同處。

不應該期望每個班級都能理解以上的
事情。讓學生們自己推測，然後檢查
他們的答案是否正確。對於錯誤的推測，
更要給予獎勵，且應比正確的推測更多。
這樣可以激起學生開放的好奇心，
消除對失敗的擔憂。

0	1	2	3	4	5	6	7	8	9
10	11	12	13	14	15	16	17	18	19
20	21	22	23	24	25	26	27	28	29
30	31	32	33	34	35	36	37	38	39
40	41	42	43	44	45	46	47	48	49
50	51	52	53	54	55	56	57	58	59
60	61	62	63	64	65	66	67	68	69
70	71	72	73	74	75	76	77	78	79
80	81	82	83	84	85	86	87	88	89
90	91	92	93	94	95	96	97	98	99

在一個5x5的盤子上，加入五個
肉丸，使其他所有數字都可以塗上
綠色。(義大利麵會忽略被肉丸
覆蓋的數字。)

劇透警告!

在一個4x4的盤子上，重新排列0到
15的數字，使你可以將所有數字都
塗成綠色。

劇透警告!

當軟軟的義大利麵變硬後，它或許足夠堅固到可以
用來做成東西。將1到11的數字添加到塔和輪子的
圓圈上，確保無論從哪個圓圈開始，重複移動到最小
的相鄰數字，都能夠經過所有的圓圈。

劇透警告!

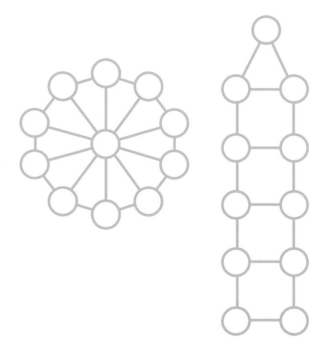

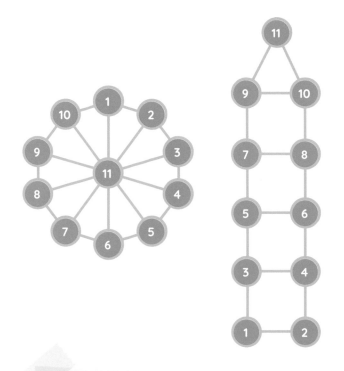

0	1	2	3	4
5	6	7	8	9
10	11	12	13	14
15	16	17	18	19
20	21	22	23	24

在一個5x5的盤子上，可以放置
五個肉丸，讓其他所有數字都變
成綠色。

0	6	7	1
5	13	14	8
4	12	15	9
3	11	10	2

使0-15的盤子達到目標有很多種方法。
將數字0-3放在角落的方塊中，將數字
12-15放在中間的方塊中。其餘部分可以
以任何方式填上數字。

如果你想要在網路上體驗20x20以內
的盤子，獲得一個美好經驗，搜尋"data
genetics uncut spaghetti"。

Google
搜尋"data
genetics uncut
spaghetti"

在解對稱謎題的各個階段，應鼓勵學生思考
對稱性。

• 如果以上的謎題看起來太可怕了，學生首先
  應該嘗試解較矮的塔或較少圓圈的輪子。

• 在找到答案之後，應該會有學生想知道他們
  是否找到了一個通用的解法，可以解決無數
  的謎題，包括任意高度的塔和任意數量
  圓圈的輪子。

讓我們來完成這個房子和豪宅的編號，以便它們能夠保持全綠色。

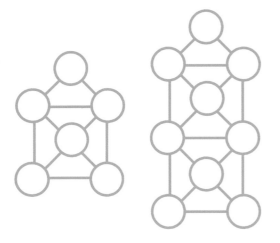

更難的挑戰： 在下面的圓圈中加入數字1到10。確保無論從哪個圓圈開始，重複移動到最小相鄰數字，都能夠訪問所有的圓圈

劇透警告！

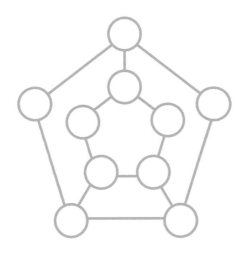

將正整數1到n放置在n個頂點的圖形上。按照"不斷掉的義大利麵"規則，若能造訪所有的頂點，則將頂點塗上綠色。否則，將頂點塗上紅色。

哪些圖形可以透過小心地放上數字而全部塗上綠色？ 是否當一個圖有一條能經過所有點的迴圈時，總是有辦法使圖形全部塗成綠色？如果不行，請找到一個具有最少點或最少邊的圖形，無法做到上述的要求。這個由14個點組成的圖形看起來是一個不錯的候選，但我不確定：

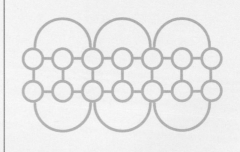

48

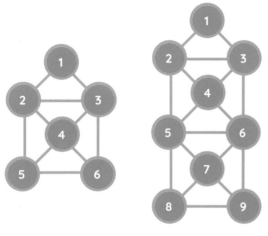

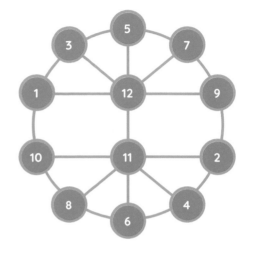

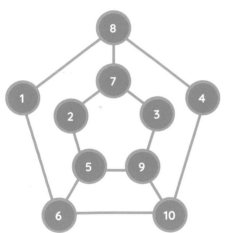

讓你的學生創造自己的謎題。
一開始,限制圓圈的最大數量為8
個。如果不先設一些限制,謎題可
能會太過困難,很難確認它們是否
能夠完成。

鼓勵學生探索具對稱性的謎題。
右側的這些大謎題看起來美,並且
可能具有能被一般化的解法。

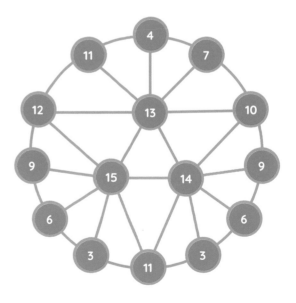

這些線條藝術圖形可以順時針進行編號。 其中一些圖形最終全部都塗成了綠色。嘗試使用其他線條藝術圖形進行實驗，看看它們何時能全部塗成綠色。

你是否注意到這些圖形的顏色都具有鏡像對稱性？對於更大的圈圈，這個性質是否依然成立？

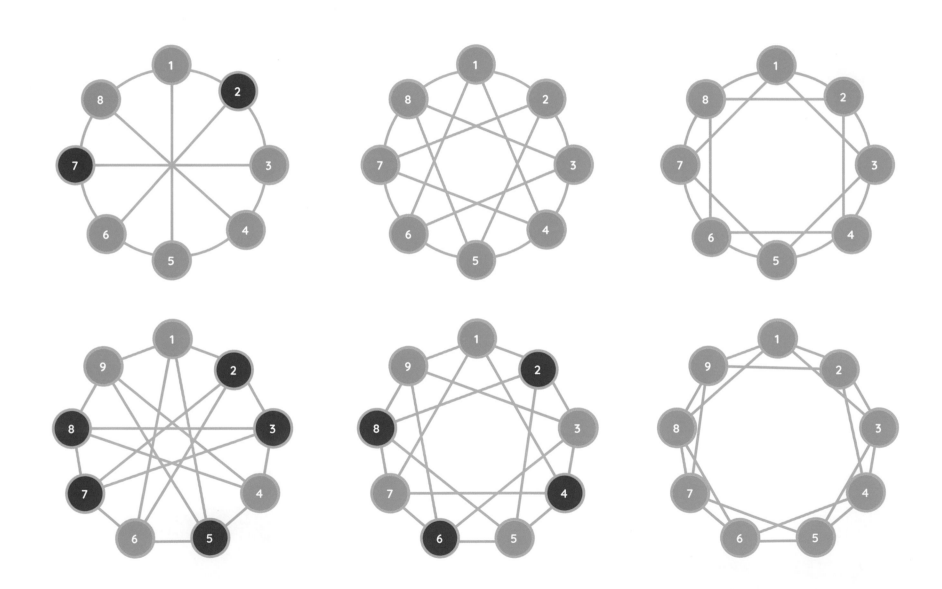

我第一次探索這個問題時，發現這種對稱性
似乎是對的，但我想不出原因。果然，它是會
失敗的。**嘗試使用更大的圈圈進行實驗。**

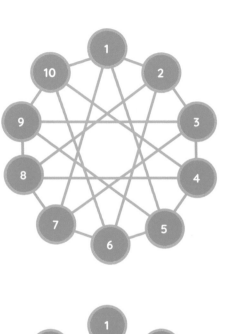

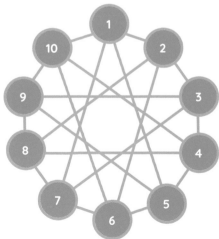

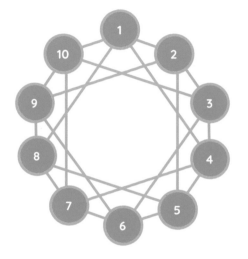

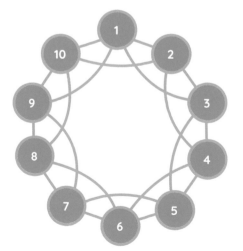

跳躍的青蛙

在四下無人時候，
青蛙們會偷偷地會玩一個遊戲。

青蛙們排成一排在荷葉上。每一輪，某一片荷葉上全部的青蛙向左或向右跳躍。跳躍的距離取決於該荷葉上有多少隻青蛙。

- 一隻青蛙跳一格。
- 兩隻青蛙跳兩格。
- 三隻青蛙跳三格。
- ......等等。

跳躍的青蛙永遠不能降落在一片空葉子上。

所有的青蛙能否最後聚在同一片葉子上開派對？

五隻青蛙的時候是可以的。
請試試看！

不要模仿這五隻
不良青蛙。它們
的跳躍方式都是
正確的，但結果
令人沮喪。

在完成了五隻青蛙的
問題後，試試六隻、
七隻、八隻或九隻青蛙
排一列會如何？
劇透警告！

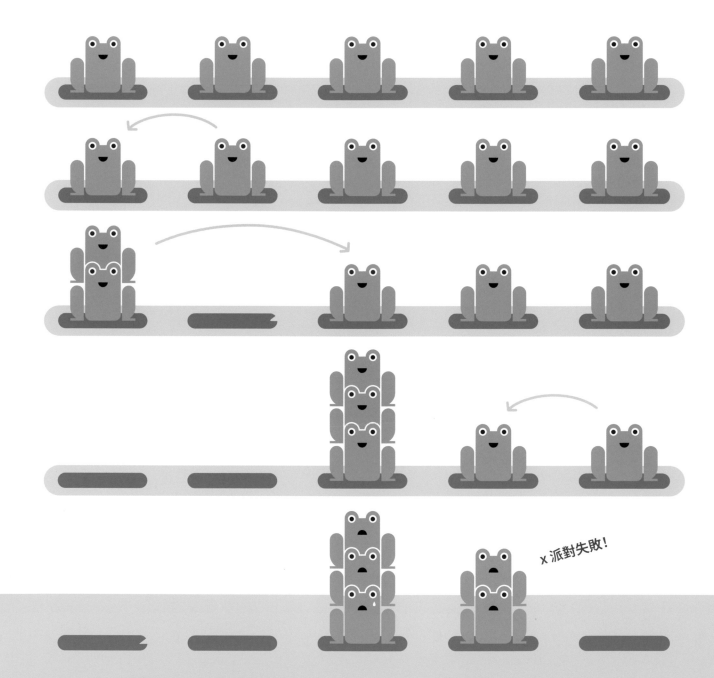

x 派對失敗！

72

七隻和九隻青蛙可以一起開派對。
實際上，任何奇數隻的青蛙都可以
一起開派對。方法如下：

- 從中間開始。
- 輪流向左和向右跳躍。

可以用類似的來回跳躍的方式解決所有
偶數的情況。

一天晚上，女王青蛙出現了。她不允許
有其他青蛙站在她頭上。如果她從葉子
8開始，**她能與其他青蛙們一起開派對嗎？**

劇透警告！

學生喜歡提出自己的謎題規則。
要不要試著和整個班級一起玩看看
呢？這些規則好嗎？它們會不會是
糟糕的，因為這會使謎題變得太容易
或太困難？即使它立刻將課堂變得
平平淡淡，但這可以讓學生意識到
規則是由像他們一樣的人創造出來
的，是一種好的教育方式。

Melissa Raskauskas使用字母來
標記荷葉，這樣她的學生可以說出
像「青蛙C向左跳」之類的指令。
使用數字1-10標記可能會讓孩
子感到困惑，Melissa使用字母
的方式是更好的。

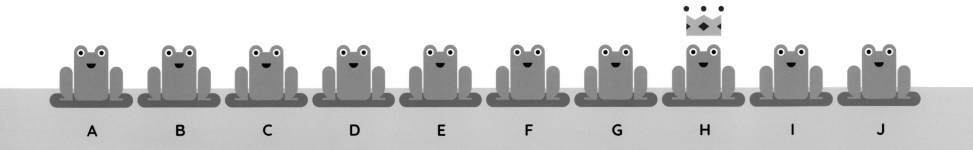

這是幫助女王的一種方法。
荷葉C上的青蛙開始來回跳躍,然後荷葉
H上的女王也開始來回跳躍。大型派對發生
在荷葉E上。

無論女王一開始哪裡,類似這種跳躍的方式
都能確保青蛙們始終能夠完成派對!

法國青蛙們廢除了君主制,卻發現因為新的
民粹主義規則它們陷入了另一種尷尬的處境。
這是其中一條規則: **"荷葉上的青蛙不得跳
到青蛙數較小的荷葉上。"**

試說明如何讓13隻法國青蛙完成派對。

劇透警告!

儘管這個新的民粹主義規則使舉辦派
對變得更加困難,但任何數量的青蛙
仍然是可以完成的。這可以讓國中生
去證明。

劇透警告!

有兩點協助到我:

1. 青蛙數是任何2^n時,都可以在任何
   位置舉行派對。
2. 任何一排青蛙都可以分成數組2的
   冪次方。

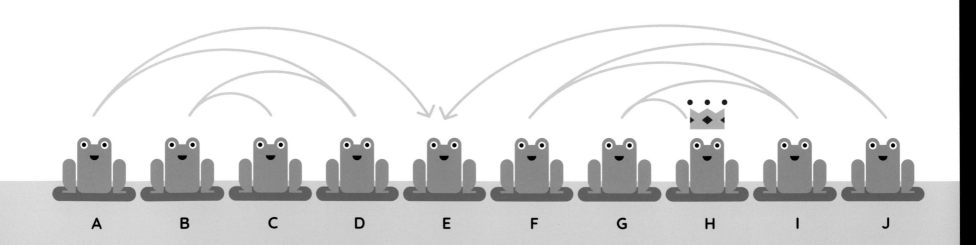

A B C D E F G H I J

有很多解法可以讓幸運的13隻青蛙完成派對。
這是其中一種解法。我只展示前9次跳躍
的情況：

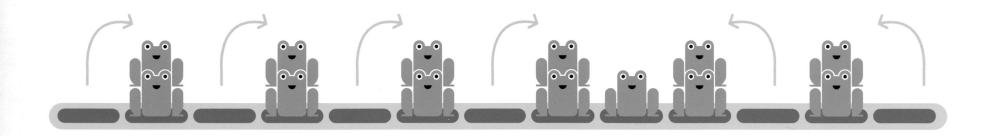

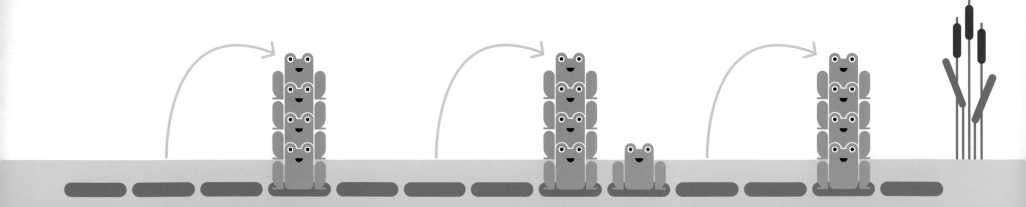

讓我們回到允許數量多的青蛙跳躍到青蛙
數量較少的荷葉上的原始規則。

如果一些青蛙在一開始的跳躍時做出了糟糕
的選擇 — 或許是因為他們喝了太多小池塘
的水而醉了，這可能導致他們注定會失敗。

**對於3-12隻青蛙，最少先幾次糟糕的跳躍能
保證一定無法完成派對？**

劇透警告！

3隻青蛙的時候，是沒辦法搞砸派對的。這是一
個陷阱題。😊

對於4-6隻青蛙，只需兩次糟糕的跳躍
就能使要在一片荷葉上開派對變得不
可能。這裡是一個6隻青蛙的例子：

給學生一些陷阱題，
盡可能保持面無表情。這能讓
課堂保持著愉快的新鮮感。

7-10隻青蛙的派對可以用三次
糟糕的跳躍破壞掉。這裡是10隻青
蛙的一個例子：

我不認為用3次跳躍有辦法毀掉11隻或更多青蛙的
派對。大約在25隻青蛙之前，可能可以透過四次跳
躍來破壞派對。

97

一個小小的情侶遊戲: 在能改變他們一生的接吻發生前,人類的公主和她的青蛙王子玩了一個兩人遊戲。

- 公主想要結束時的派對數盡可能的少一點。
- 青蛙王子希望結束時的派對數盡可能的多一點。

從公主開始,他們輪流。輪到的人命令一片荷葉上的的青蛙們跳躍。持續直到無法再進行跳躍。

從五六隻青蛙開始。如果公主和青蛙王子都玩得很好,我們可以預期結束時有多少派對(有青蛙的荷葉數)呢?

劇透警告!

5隻青蛙時,公主可以舉辦一個巨大的派對。當6隻青蛙時,**公主**和**青蛙王子**的遊戲會結束在兩個派對。下面是一個10青蛙遊戲的過程。

經過了下面的移動,輪到公主了。她應該考慮如何跳躍?

劇透警告!

在下一頁,粉紅色的跳躍是公主要考慮的方式。最後會結束在兩個派對,而不是三個。

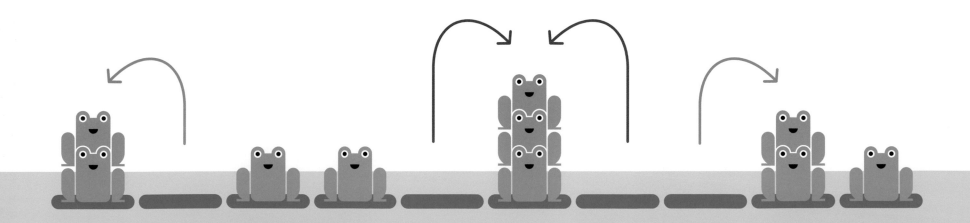

Sahiba 是美國密歇根州的一名高中生。
她曾舉辦過國家數學日(national mathematics festivals)，其中包含各種解謎遊戲。她對數學的熱愛來自參加數學競賽、解謎以及享受解決問題的過程。

某天晚上，一些青蛙缺席了。這些派對破壞者可能會使舉辦大型派對變得更加困難，甚至無法舉行。下面的青蛙們是可以做到的，但需要更多的思考。

劇透警告！

Google "Numberphile Frog Jumping"

這個謎題可以用二進位編碼紀為101011111111。這樣不好看。而青蛙們表示，若在1010後面加上連續的1，最少要八個1才能讓1010能被解決。

青蛙們喜歡找出每個二進位數字後面最少需要加上幾個連續的1。有許多情況，答案是零。**這些數字在每個青蛙的心中都有特殊的地位，因為這表示著即使沒有其他青蛙出現，派對仍然可以繼續舉行！**

若從最小的二進位數字開始，討論每個數字後要幾個加上連續的1。將那些要加1的數量比更小二進位數都還要多的數字記錄下來，一開始的幾個會是：0、10、1001、1010。它們分別可以通過在尾端添加0、1、2和8個連續1來完成。它們對青蛙們來說是邪惡的數列，所以出於對青蛙的尊重，我不會再談論它們了。這對我來說也是件好事，因為我不知道接下來的談論項目是什麼。

這些跳躍方式為10隻青蛙舉辦了一場成功的
派對。第三次跳躍沒有表示出來，但或許你可以
看出它在哪發生。

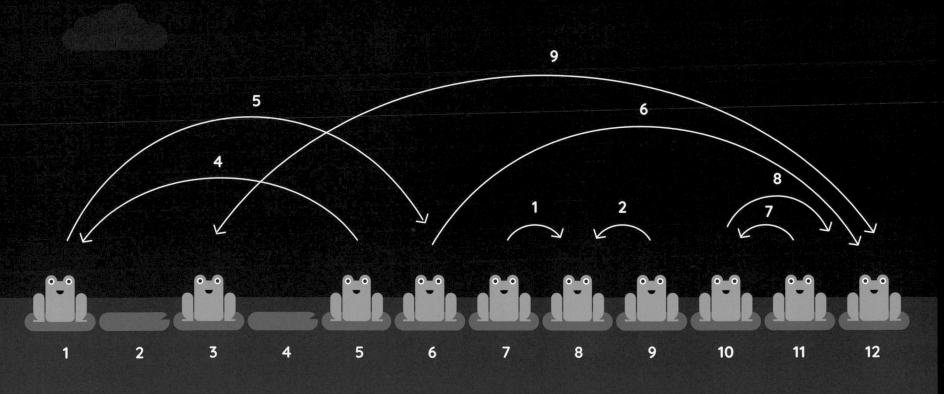

一些青蛙厭倦了將荷葉排成一排的遊戲。因此，他們正在嘗試一些新的事情，並制定了新的規則：

- 1隻青蛙跳一片荷葉，兩隻青蛙跳兩片荷葉...。
- 青蛙不能跳到一片空的荷葉上。
- 所有的荷葉必須連接在一起。
- 使用連接的荷葉來計算跳躍距離。

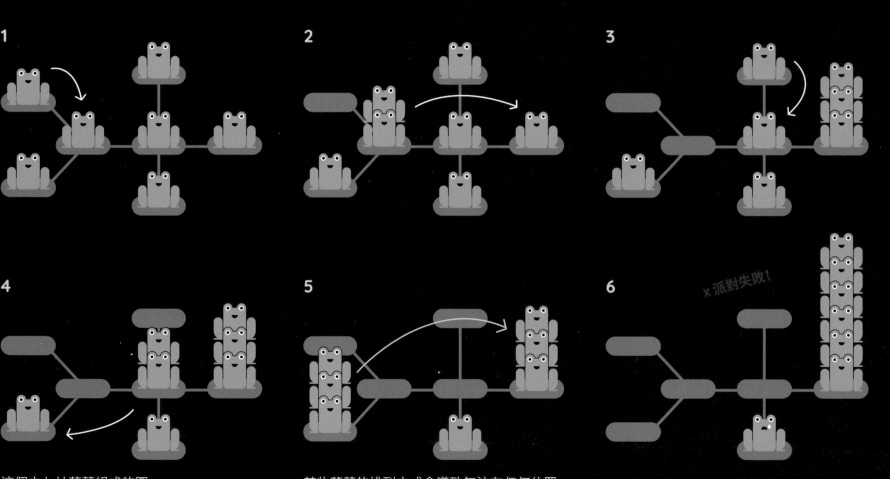

這個由七片荷葉組成的圖，
可以在哪些荷葉上成功舉辦派對？

某些荷葉的排列方式會導致無法在任何位置
成功舉辦派對。請找出一個無法成功舉辦派對，

在這個圖形中，只有兩片荷葉可以
舉行派對，**我們將它們塗上綠色。**

任何七片荷葉的圖，至少會有一片荷葉可以成功舉辦派對。
較少數量的荷葉時也同樣成立。

八片荷葉的圖中大多也是可以的。以下是四個例子：

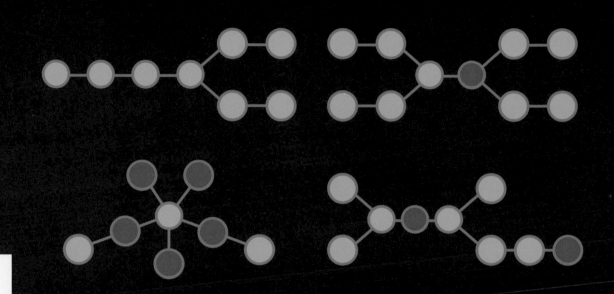

Matej Veselovac 負責了將
原本線性的謎題推廣至有分支
的樹的任務。

非常謝謝Matej。🙂

我將以下的問題留給好奇的讀者：
- 女王青蛙一開始在哪些位置，
  能成功舉辦派對？
- 探討除了樹以外的圖。

有兩種八片荷葉的圖無法在任何荷葉上舉辦派對：

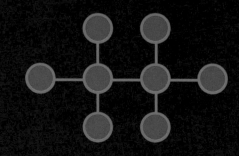
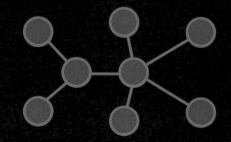

彩繪烏克蘭

這是烏克蘭的地圖。

相鄰的地區
用不同的顏色著色。

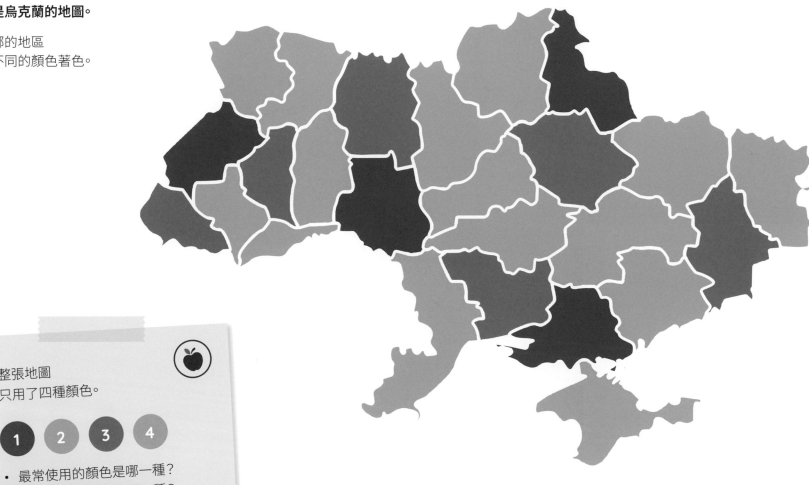

整張地圖
只用了四種顏色。

① ② ③ ④

- 最常使用的顏色是哪一種？
- 最少使用的顏色是哪一種？

這是相同的烏克蘭地圖。各個地區以圓圈表示。
任何在前一張地圖上有共用邊的兩個地區現在
會由線連接在一起。

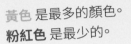

黃色 是最多的顏色。
粉紅色 是最少的。

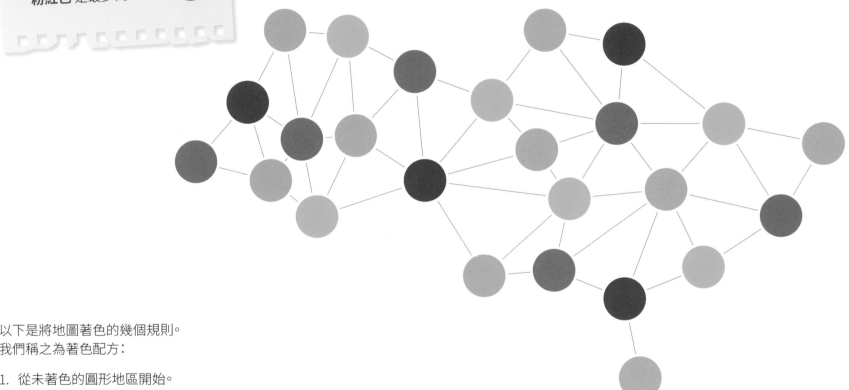

以下是將地圖著色的幾個規則。
我們稱之為著色配方:

1. 從未著色的圓形地區開始。
2. 選擇一種顏色。使用這種顏色將圓著色。
   並確保有相同顏色的兩個圓之間都沒有連接。
   重複此步驟,直到無法在任何圓上著色。
3. 重複步驟"2",直到整張地圖都塗上顏色。

1.

從藍色開始，按照著色配方進行著色。
那現在我們可以停止使用藍色嗎？

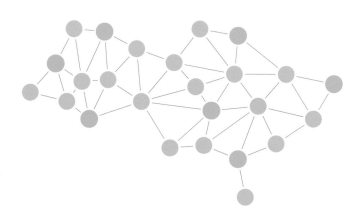

2.

不行，我們必須繼續使用藍色，
直到沒有新的圓可以塗上藍色。

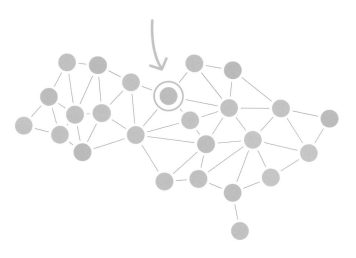

3.

我們將8個圓形塗上了藍色。
讓我們將這個「8」放在一個顯眼的位置，然後開始使用
不同的顏色進行著色。讓我們選擇黃色。

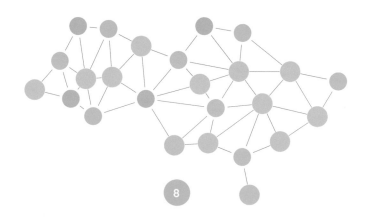

4.

我們繼續著色直到有七個黃色的圓。我們可以再畫
一個黃色的圓嗎？不行，因為在任何其他的圓上著色
都會與某個黃色的圓相連。

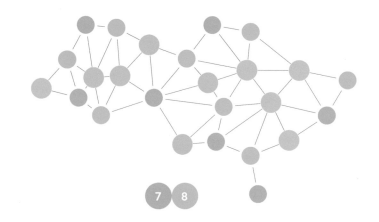

5.

接著，我們將6個圓塗上淺綠色。你會注意到當我們在地圖上著色的同時，也在建立一個數字。我們目前的數字是678，但我們還沒結束。

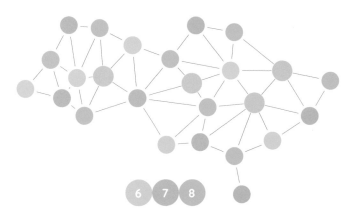

6.

我們再加上三個深綠色的圓。實際上也沒有辦法塗更多或更少的深綠色。我們的數字現在是3,678。

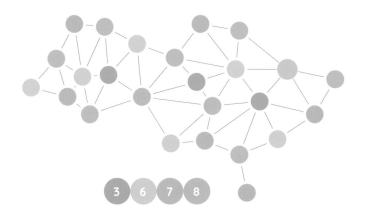

7.

最後，我們再加上一個**粉紅色**的圓。我們的地圖完成了。它得到了數字13,678。

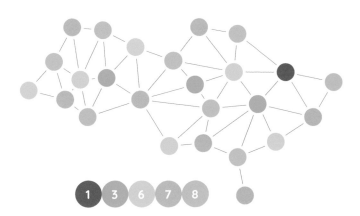

藍色是個位數。
黃色是十位數。
淺綠色是百位數。
深綠色是千位數。
粉紅色是萬位數。

- 透過在烏克蘭的地圖上著色，你可以得到的最大數字是多少？
- 你可以得到的最小數字是多少？

我將在接下來的幾頁中分享我所得到的最大和最小的數字。

劇透警告！

8.

有時候你會畫出十個或更多個相同顏色的圓。
這沒關係，這只是表示你需要再思考一下。
這樣塗出來的數字是多少呢？

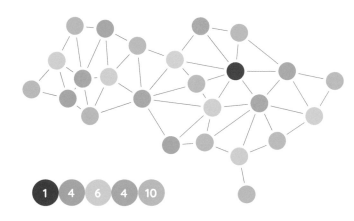

有 10 個個位數（藍色）
有 4 個十位數（黃色）
有 6 個百位數（淺綠色）
有 4 個千位數（深綠色）
有 1 個萬位數（**粉紅色**）

———————————————————————

總數： 14,650

為了做出一個大數字，實際上你會希望每一步的
塗色中使用較少的圓！這對孩子們來說是一個
有趣的怪事！不要急著給他們答案，而是當你發現
他們在尋找大數字時一直出現小數字，請他們再
好好想一想。

劇透警告！

比起直接跳到到像烏克蘭這樣複雜的地圖，你可以
選擇為一個更簡單的地圖上色，比如下面的地圖。

這些簡單的地圖會鼓勵孩子們做一般化性質的探討，
而這不可能在更混亂的現實世界地圖上做到。
現實世界的謎題和問題並不總是最好的。

在長度為2至9的河流地圖塗色。能做出的最小和最大數字是多少呢？
魚兒前往它們的產卵地時，會在口袋中攜帶這些地圖，以防迷路。

鴨子喜歡在周長3-10的湖泊中繞著圓圈遊。
一些猴子們喜歡在3 x 3、4 x 4和5 x 5的城鎮和村莊中散步，
就像右側的圖一樣。

能做出的最小和最大數字是多少呢？

劇透警告！

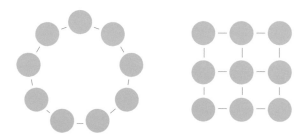

9.

在烏克蘭的的地圖，我發現的最小數字是
2670 + 10 = 2680。

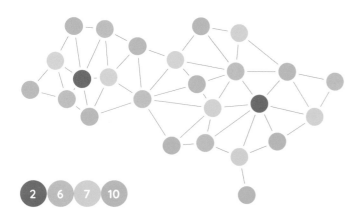

10.

我發現的最大數字是144,466。

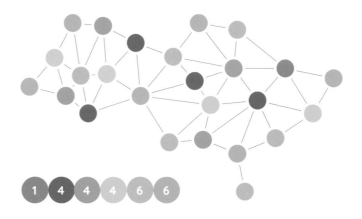

11.

河流可以用兩種顏色來完成。以下是最小數字的塗法。
看到規律了嗎？

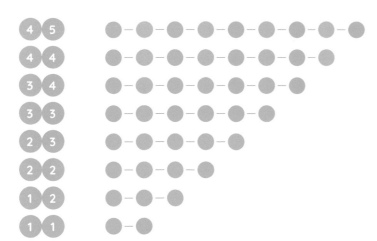

12.

所有長度為4或以上的河流都可以用三種顏色來完成。
以下是最大數字的塗法。這個規律稍微複雜一些。

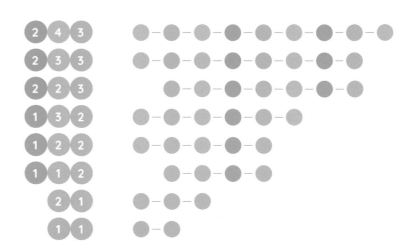

13.

湖泊可以根據周長的奇偶性使用兩種或三種顏色來完成。
以下是最小和最大的數字:

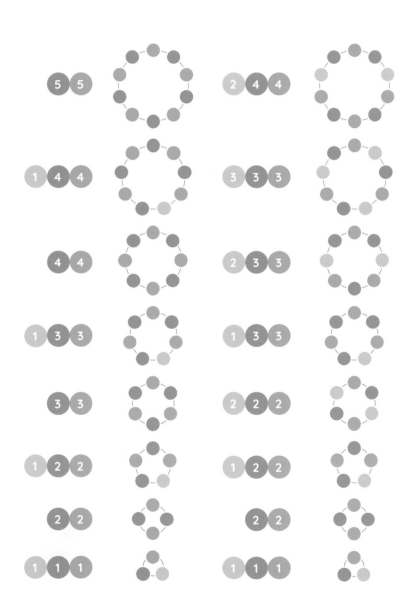

所有的城鎮和村莊可以用兩種顏色來完成。最小數字的塗色模式皆為棋盤格狀。

最大的數字很難找到。我不確定這些是否為最好的解答,但我花了一個小時的時間找到它們,這已經足夠了。😊

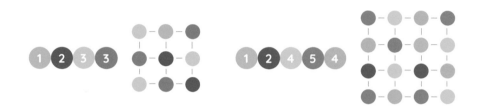

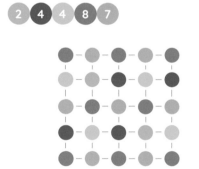

使用盡可能少的圓,設計一個沒有線重疊的地圖,且最大數字超過一百萬。

劇透警告!

以"美"作為最高標準。
學生應該為自己的作品
感到自豪。對於許多人來說,
這意味著色彩豐富的謎題
單。對於其他人來說,
這意味著敏銳和精確的
數字規律。

我向我的女兒 Acadia 介紹「彩繪烏克蘭」。她的第一個反應是「烏克蘭有這麼多個省嗎？」然後她接著就忙著試著超越 Gord！我們聊了一下俄羅斯目前受到侵略和被圍攻地方、該國的一些歷史，還有我在 1993 年訪問烏克蘭時的故事。當我們對烏克蘭的著色感到滿意時，我拿出了一張劃分成 22 個省份的瓜地馬拉地圖。我指出了 Acadia 出生的地方，她再次投入到如何上色將數字最大化的挑戰中。由於她今年對數學不是特別感興趣，所以我對於她以更具創意並跟數學相關的方式投入在數學中，感到非常高興。

Zaak 和他的年輕家庭在 2000 年代初居住在瓜地馬拉，他們在中部山區一個講瑪雅語的地區建立了學校。Acadia 就是在那裡出生的。

Zaak、**Acadia** 和他們的整個家庭現在居住在加拿大卡爾加里，Zaak 是一名高中老師，Acadia 則是一名國中學生。

這是一張只有十個圓的地圖，若使用
我們的著色配方上色，就能夠做出一個
大於一百萬的數字。**來試試吧！**

劇透警告！

對於一些人來說，他們可能不喜歡
我以十進制的方式設計這個謎題。
對於你和一些年級較高的學生，
這個謎題可以使用任意大的進制。
為了讓年紀小的學生也能夠理解，
我們必須做出一些妥協。

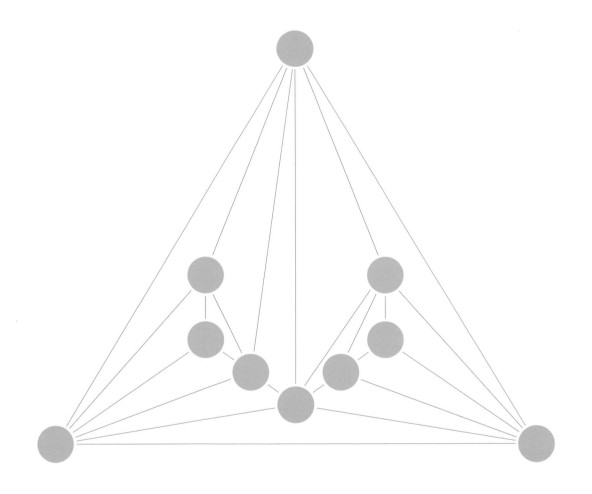

189

如果有一對孩子已經完成了地圖的
著色,而你忙於處理另一對孩子,
你可以做什麼來保持學生的參與度?
這裡提供幾個選項:

- 如果另外一對孩子也已經完成了
  著色,你可以示意兩對孩子比較
  彼此的答案。
- 給完成著色的這對孩子一張其他
  國家的地圖,讓他們開始另一張
  地圖的著色。
- 要求他們設計自己的地圖,或者
  考慮簡化的「國家」,例如
  河流和湖泊。

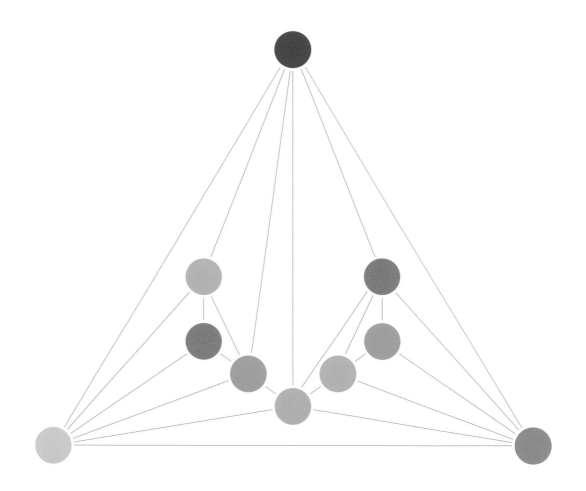

197

來爬山吧！

夠了，不要再看螢幕了！
是時候去爬山了！

在山腳下的每個圓圈中填入一個整數，可以是
零或更大的數字。在攀爬過程中，不能使用相同
的整數兩次。

往上一層可能無法全部攀爬。如果可以，請在
往上一層的每個圓圈中填入下方2數的平均數。

在0和8的平均數是4，**很好！**
在8和6的平均數是7，**很好！**

我們繼續爬山。不幸的是，沒有一個整數位於4和7的
正中間...5太接近4了...6太接近7了。

我們沒能成功爬完這座山。找到三個整數（零或更大
的數字），讓我們能夠爬完這座山。

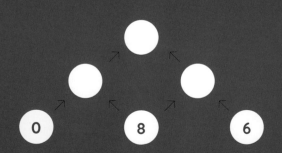

這次旅行看起來可能成功了，但有個地方出了點問題。我們失敗了，因為我們不能重複使用同一個整數。**我們使用了兩個數字**4。

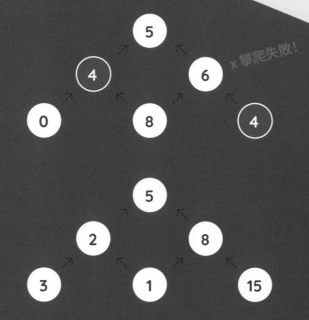

x 攀爬失敗！

這個例子是成功的。有很多方法可以讓我們成功爬完這座山。

在成功攀爬的山頂上，最小的數字是多少？在這個例子中，我們找到了一個數字為5的山頂。我們是否可以讓它是4、3或2呢？

現在試著找出一種方法來攀爬這座更高的山。在每個山頂上，你能找到的最小數字是多少？

劇透警告！

如果在我小學的時候，有人給我《來爬山吧！》
這個問題，那該多好啊！這正是我喜歡的那種謎題。
它很容易入手，可以進行實驗、探索和發現。
同時，作為一個對數學教育感興趣的家長，
我喜歡這個謎題提供的一種引人入勝的
方式來培養數感。

Nancy Blachman，來自美國聖馬特奧
她是茱莉亞·羅賓遜數學嘉年華(Julia Robinson Mathematics
Festival)的創辦人。在她童年時，她喜歡和她的數學家父親
Nelson Blachman 一起玩數學遊戲。

Google
"Julia
Robinson
Mathematics
Festival"

我目前最喜歡的謎題之一就是《來爬山吧！》。
Gord 讓人有種山頂數字會是10的感覺，
我喜歡這樣的方式。而當一個孩子打破這個預期
時，我們會意識到我們的孩子是多麼的聰明。

Erik van Haren，來自荷蘭聖安東尼斯
Erik是一位荷蘭的數學心理學家。他是 mathplay.eu
的負責人，也是謎題和教學工具的出版商，
幫助教師在課堂上的教學。

有整整一年，我以為我找到了一種模式，可以得出任何大小的山的最小山頂值。這是一個美妙的模式。這裡是它的模式。想像一下沿著這些山的左側徒步旅行⋯

0, 1, 3, 6, 10... = 0, 0+1, 0+1+2, 0+1+2+3, 0+1+2+3+4...

這些山底的模式同樣美妙⋯

0, 2, 8, 18, 32... = 0, (1)+(1), (2+2)+(2+2), (3+3+3)+(3+3+3), (4+4+4+4)+(4+4+4+4)...

這聽起來很棒。但是它是錯的。

一年後，一位學生找到了一座高度為5的山，可以成功攀爬，並且山頂上是9！

我將在下一頁展示學生的答案。

劇透警告！

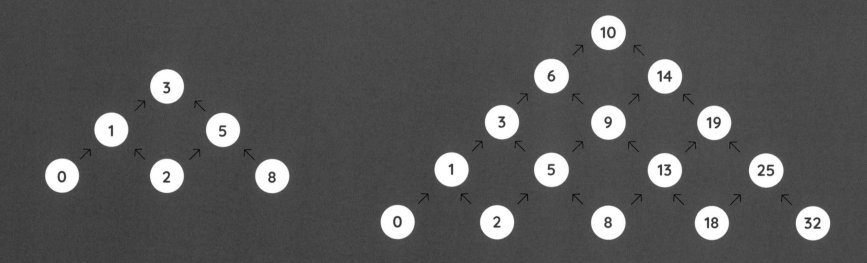

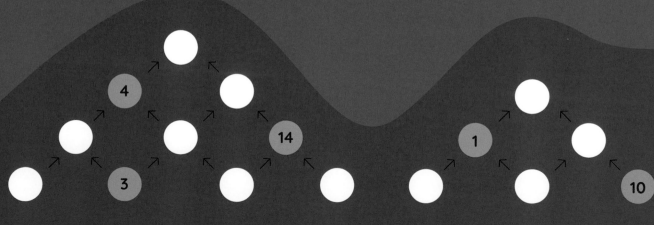

Aaron Holmes—是加拿大艾伯塔省卡加利附近的三名小學生家長。他建議到，學生們會對填寫成功攀爬的山中所缺失數字感到有趣。

劇透警告！

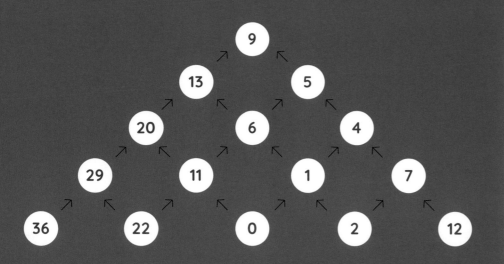

在這位學生的答案提出後過了幾年，**Brad Ballinger**（洪堡理工州立大學數學系）發現了一座高度為5、山頂是8的山。（提示：底部的五個整數是0、2、10、24、56，以某種方式排列）

Neil Calkin（克萊門森大學數學和統計科學學院）提出了另一個的問題，他要求學生找出最大數字最小的山。

高年級的學生可能會喜歡製作像Aaron所作的謎題。首先，他們先攀爬一座山，然後擦掉一些數字，只留下幾個。**最困難的部分是確保他們的謎題只有一個答案。**

你班上的學生可能會對攀爬高度為4的山感到困難。**沒關係**，他們可以攀登部分的山。不要向他們展示更好的解法，以免打破他們的樂趣。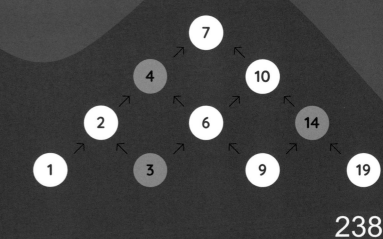讓他們認為他們是第一個攀登這些山的人！公開慶祝他們每一個小小的成功，尤其是對那些在掙扎中的孩子。

Aaron
謎題的解答：

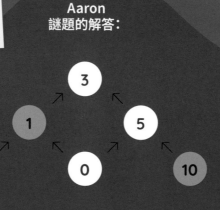

貪心的小黃瓜怪獸

有七個罐子，分別放有1至7根小黃瓜。
每天，貪心的小黃瓜怪獸會選擇一個數字，然後從盡可能多的罐子中吃掉此數量的小黃瓜。

例如，如果貪心的小黃瓜怪獸選擇數字5，會發生什麼？它會從擁有5、6和7根小黃瓜的罐子中各吃掉5根，不會觸碰其他罐子。

貪心的小黃瓜怪獸還欠缺訓練。這可以證明：如果它能再思考一下會發現，它可以在三天內吃掉所有的小黃瓜。

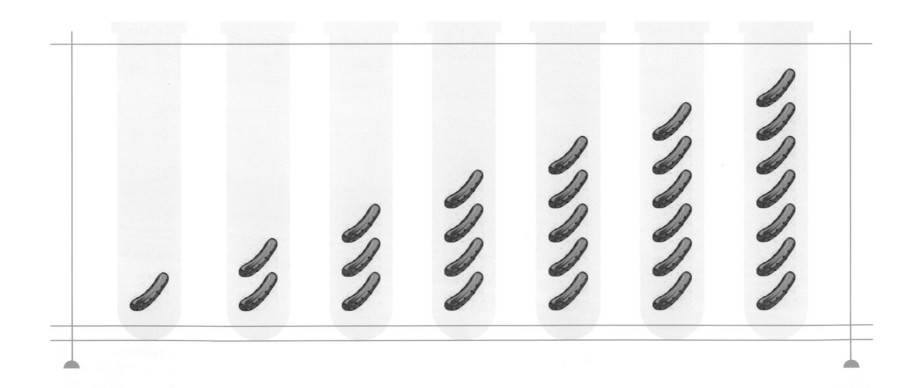

→ 4   → 2   → 1

貪心的小黃瓜怪獸要在三天內清空所有罐子的方式是，先選擇4，然後是2，最後是1。

我讓一位二年級的男孩Phillip從這1至7的罐子，選擇要取走多少個小黃瓜。他的回答是「2億」，並帶著傻笑看看他的同伴。**當一個孩子故意給出荒謬的答案時，你的反應是什麼？**那個孩子只是想引起注意。

你的工作只是將他們的建議視為完全正常的答案，並繼續轉向下一位學生說道：" 2億，真的很多。不幸的是，Phillip，你不會得到任何小黃瓜。Jane，輪到你了。你想選擇多少根小黃瓜？"

→ 5   → 3   → 1

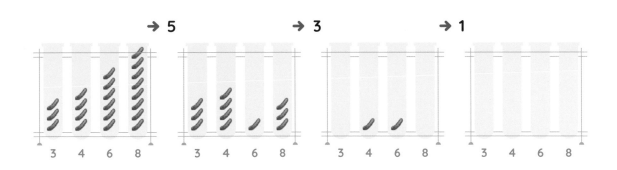

| 3 | 4 | 6 | 8 | | 3 | 4 | 6 | 8 | | 3 | 4 | 6 | 8 | | 3 | 4 | 6 | 8 |

有四個罐子，每個罐子最多有8根小黃瓜，通常可以在三天內清空。四個罐子中有3、4、6和8根小黃瓜的情況是一個完美的例子。請找出兩種無法在三天內清空罐子的狀況。

劇透警告！

有兩組答案能使擁有最多8根小黃瓜的
四個罐子無法在三天內清空：

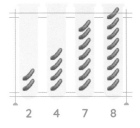 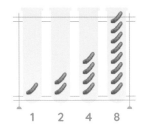

找出一種方式讓貪心的小黃瓜怪獸在三天內
清空這四個罐子。

劇透警告！

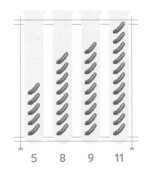

在經過一段時間後，讓我們停止畫出小黃瓜。我
知道它們很有趣，每一口咬下去都可以在腦海
中聽到嘎吱嘎吱的聲音，但這變得很麻煩。☺
我花了很長時間才發現 {9,11,16,18,19} 只需要
四天就能解決。**這是如何做到的呢？**

劇透警告！

請一位學生選一個1至20的數（或擲一個
二十面骰）決定一個罐子的小黃瓜數量。
重複此過程直到得到五個罐子的小黃瓜
數量。給予你的班級71秒的時間來找到
清空罐子的最佳方式。71秒後，將筆放下。
哪些小組成功地清空了罐子？
哪些小組用最少的天數完成了任務？

給聰明的學生71秒的時間不足以讓他們
完全弄清楚事情，但這會讓其他孩子有機會
表現。**這是使用時間壓力的好方式！**

讓學生將這些謎題帶回家，而不特別將
其視為作業。你或一些學生可能在隔幾天
找到更好的答案。以身作則，培養你希望
學生效仿的行為。

前七個質數 {2,3,5,7,11,13,17} 可以在四天內
清空。**要如何做到？**

前十一個質數 {2,3,5,7,11,13,17,19,23,29,31}
有許多不同的清空順序，可以在五天內清空。
要如何做到？**要如何做到？**

劇透警告！

→ 6   → 3   → 2

在三天內清空罐子
{5,8,9,11} 的唯一
方法是 6 → 3 → 2

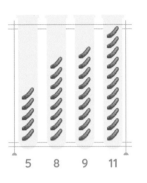
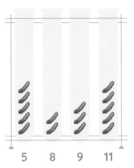
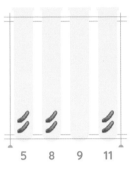

罐子
{9,11,16,18,19}
可以這樣清空：
6 → 10 → 3 → 2

我的小學課堂遵循一個模式。在前十五分鐘，我會解釋謎題。但不是通過列出規則來解釋，而是將焦點放在情緒上的參與感。我們通常會立即開始嘗試解決一個實際的謎題，全班和我都一起都失敗。而規則逐漸出現。

在十五分鐘之後，或者當我認為大約85%的學生知道如何進行時，就是讓學生分組配對的時候了。如何分組？這裡有一些方式可以選：

1. **學生自行分組** (容易)：需要注意的是，當不受歡迎的孩子被排除在外時，可能會出現社交焦慮的徵兆。
2. **謎題學習單配對** (容易)：在選擇配對之前，將謎題學習單分發給班上一半的孩子。這些孩子然後選擇一位搭檔共享他們的謎題學習單。這仍然需要注意社交焦慮。
3. **桌子配對** (容易)：這需要的時間最少，也是最不混亂的方式。偶爾可以改變座位安排，讓事情變得更有趣。要注意的是缺乏熱情。
4. **隨機配對** (中等簡單)：這種技巧對每個班級都需要一些時間。例如，老師們將學生的名字寫在冰棒棍上，然後混合起來，成對抽取配對。

課堂的大部分時間都在小組配對中度過。我會一組一組的移動，盡可能不給予太多幫助，但有時會以開玩笑方式表達對謎題難度的哀嘆。我會留意挫折感、好點子和準備迎接下一個挑戰的學生。我們經常會在共同的畫板上記錄發現和猜想。

MathForLove.com 的Dan Finkel是我非常尊敬的數學教育家。他通常會透過讓整個班級一起反思並討論他們的發現來結束課程。但我並不這樣做。在我的課堂上，問題不會在最後打包。思想留下了不完整和未解決的部分。這不是因為我懶惰，而是因為如果班上85%的學生都參與其中，我所說的任何話對大多數學生小組的對話和思考都沒有充分的關聯，這並不值得打斷他們。我會打斷一組孩子們的對話，但很少打斷整個班級。我們走向解謎！

前七個質數 {2,3,5,7,11,13,17} 可以在四天內解決。
這裡有一些例子：

$$3 \rightarrow 8 \rightarrow 4 \rightarrow 2$$
$$8 \rightarrow 3 \rightarrow 4 \rightarrow 2$$
$$8 \rightarrow 7 \rightarrow 3 \rightarrow 2$$
$$11 \rightarrow 4 \rightarrow 2 \rightarrow 1$$

前十一個質數 {2,3,5,7,11,13,17,19,23,29,31} 可以以許多種
方式在五天內解決。這裡有一些例子：

$$3 \rightarrow 14 \rightarrow 8 \rightarrow 4 \rightarrow 2$$
$$16 \rightarrow 8 \rightarrow 4 \rightarrow 2 \rightarrow 1$$
$$16 \rightarrow 8 \rightarrow 5 \rightarrow 2 \rightarrow 1$$
$$17 \rightarrow 7 \rightarrow 4 \rightarrow 2 \rightarrow 1$$
$$17 \rightarrow 11 \rightarrow 4 \rightarrow 2 \rightarrow 1$$

對於上述的罐子，沒有辦法在更少的天數內將其清空，所以
讓我們將列出的序列稱為「最小清空序列」。

當列出這些序列時，我們首先將寫下那些具有較小起始數字
的序列。對於前n個質數，找到第一個列出的最小清空序列。
第一個列出的序列是否總是唯一列出的序列？對於這獨特的
最小清空序列，可能存在什麼樣的結構？例如，最後一個數字
是否可以是最大的數字？

哪些序列是至少對於一組罐子而言的最小清空序列？序
列1、2、3、4、9需要五天才能將罐子{1、3、6、10、19}清空，
但序列10、6、3、1或6、3、10、1可以在四天內將相同的罐子
清空。序列9、4、3、2、1可以在五天內清空1-19的小黃瓜。
該序列至少和其他任何序列一樣快。序列16、8、4、2、1也需
要五天。

一些罐子集合，例如 {1,2,3,4,5,6,7} 只有一種
以最少天數清空它們的方式。還有哪些集合具有
這個特性？？

原始的**餅乾怪物問題** 出現在2002年的書籍
《The Inquisitive Problem Solver》中，作者是
Vaderlind、Guy和Larson。Richard Guy是我的
導師，他在接近和超過100歲時仍在從事數學工
作。直到去世前一個月，他都是世界上年齡最大
的從事數學工作的人，享年103歲。

在原始問題中，**餅乾怪物**可以選擇一個數字n，
然後還可以選擇從哪些罐子中取走n塊餅乾。

在**貪心的小黃瓜怪物**版本的問題中，我們取消了
第二個選擇。**小黃瓜怪物**遵循一種貪婪演算法，
這意味著在選擇一個數字後，它始終會從所有
可能的罐子中取走指定數量的小黃瓜。

與原始問題不同，貪心怪物允許我們明確地定義
對罐子的清空序列的操作，例如6、3、2。

Richard Guy 在生活中繪製了一幅宏大的畫。他曾是新加坡的一位
狂熱帆船愛好者，在加拿大是一位熱衷的登山者，並且加拿大高山
俱樂部以他和他的妻子Louise的名字命名了一個冰川小屋。他在103歲
時仍然步行上班。Louise在十年前去世，但在他的電腦屏幕的一側總是
放著她的照片。他的書《Unsolved Problems in Number Theory》
是迄今為止最偉大的書籍。☺

正方形小組

同一年級的正方形小組在學校操場上聚在一起。1x1的正方形是一年級的，它們都將相互連接。2x2的正方形是二年級的，它們也將相互連接。所有年級都是如此。

所有的正方形一起填滿了操場。

學校校長重視公平。她要求這些正方形小組應該要有相同的周長，或者盡可能接近相同的周長。

例如，如果她在一個10x10的操場上放置四種大小的正方形，操場可能會像右邊的操場一樣。

不幸的是，這並不理想。
最大和最小的正方形小組的周長相差很大。

- 1x1正方形的區域：周長為28。
- 2x2正方形的區域：周長為20。
- 3x3正方形的區域：周長為24。
- 6x6正方形的區域：周長為24。

周長相差最大為8，**這相差太大了。**在這個10x10的遊樂場上，請找到四個方塊小組，使最大周長和最小周長之間的差異盡可能的小。

這是我找到的最好的答案。
周長相差最大為2：

- 1x1正方形的區域：周長為22
- 2x2正方形的區域：周長為24
- 3x3正方形的區域：周長為24
- 4x4正方形的區域：周長為24

我不認為四個正方形小組的周長都能相同。對於五個正方形小組，在我找到的最佳解答中，最大和最小周長之間的最小差異為6。

現在請試著找到在一個10x10的操場上，三個正方形小組的周長差異為零或盡可能小的解答。

劇透警告！

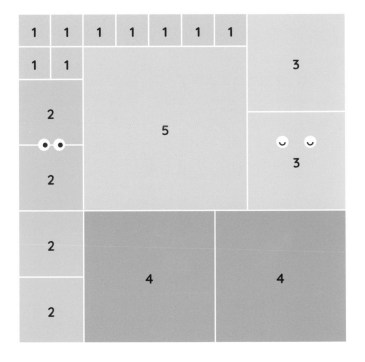

周長按順序為22/24/24/24，從1x1區域開始。

18/20/18/24/20

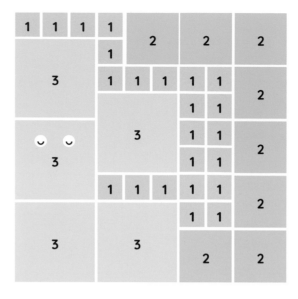

32/32/30

32/32/30

30/32/32

在一個10x10的操場上，我一直找到最大和最小周長相差2的解答。**這些都是失敗的，事實上是有可能找到所有周長都相同的解答。**

在8x8和9x9的操場上，也有可能找到三個正方形小組的周長都相同的解答。試試看。😊

劇透警告！

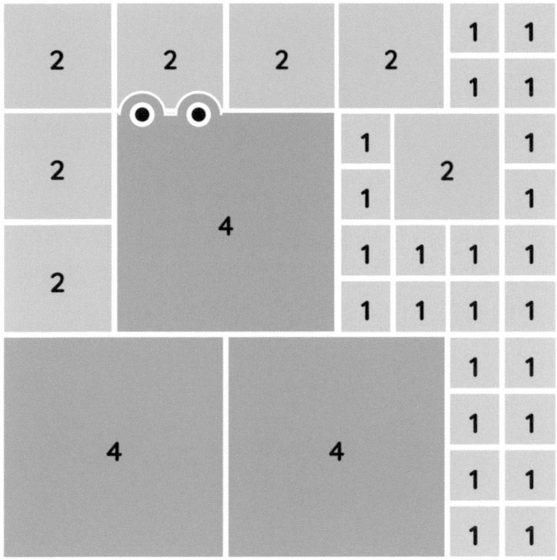
1 1
2 2 2 2
1 1
1 1 1
2 2
1 1
4
1 1 1 1
2
1 1 1 1
1 1
1 1
4 4
1 1
1 1

34/34/32

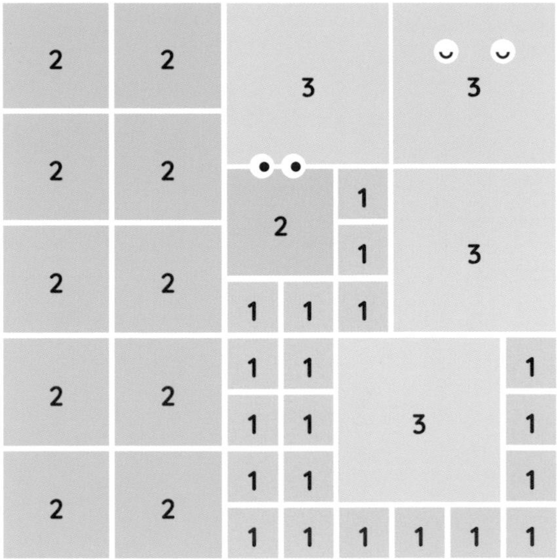
2 2
3 3
2 2
1
2
1 3
2 2
1 1 1
1 1 1
2 2
1 1 3 1
1 1 1
2 2
1 1 1 1 1 1

34/32/32

如果所有正方形小組的周長都相同，那麼在nxn的操場上可以有多少個正方形小組進行遊戲呢？

我不清楚。

在足夠大的操場上，能夠進行遊戲的正方形小組的數量是沒有限制的。例如，一個尺寸為n^n x n^n的正方形操場可以用n個相同的長寬為n^(n-1) x n^n的長方形區域來覆蓋。我將這件事留給你自行驗證。

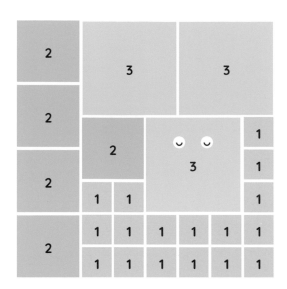

24/24/24

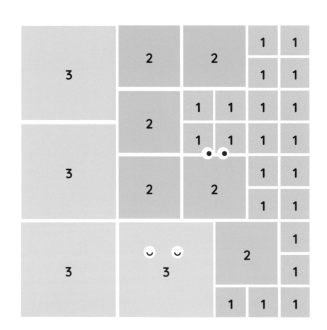

30/30/30

以下是8x8、9x9和10x10操場的解答。每個操場上的三個正方形小組的周長都相同。很有可能還有許多其他的解答。

這些是我在整本書中最為滿意的結果之一。我致力於設計創造美感的謎題,而這些解答是最美麗的。
如果你想出自己的解答,請分享出來。 🙂

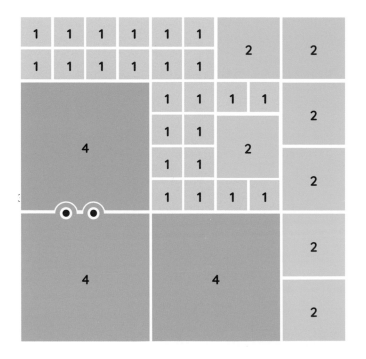

32/32/32

黏貼

在一個方格紙上,加上兩個標有 "1" 的
正方形。

每一輪,你需要黏貼一個新的正方形,
從標有 "2" 的正方形開始,然後是標有 "3"
的正方形,接著是標有 "4" 的正方形,
以此類推。

所有正方形的邊都必須與方格對齊。

正方形的邊長不能大於此正方形的編號,
但可以小於它的編號。

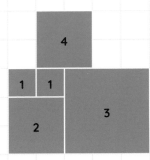

當黏貼一個正方形時,此正方形的標籤
必須等於與它邊與邊相接的所有正方形的
標籤之和。例如:我們剛剛黏貼了一個標有
"4" 的正方形。它與一個標有 "1" 的正方形
和一個標有 "3" 的正方形邊與邊相接。
4 = 1 + 3。非常好!

你能夠達到多高的數字呢?

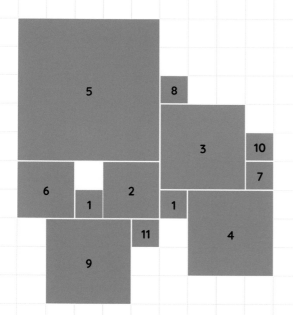

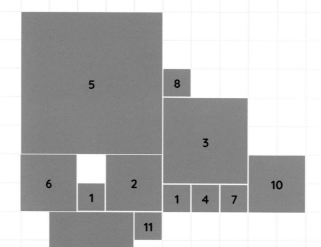

左邊是我的第一次嘗試。
我失敗在無法得到比11更高的
數字。你可以看到沒有地方可以
黏貼 "12" 的正方形。

接著是我的第二次嘗試。我做了
一個小改變,把 "4" 變小了,
但這個小改變讓我達到了17。
你將在下一頁看到我的解法。

通常情況下,沒有必要花時間解釋規則來介紹問題。
那樣很無聊!

相反,指定學生放置兩個標有 "1" 的正方形,然後
請下一個孩子黏貼一個標有 "2" 的正方形。如果
他們無法正確地黏貼,只需告訴他們失敗了,並說出
導致他們失敗的規則。然後請下一個孩子作答。
這種方式的失敗總是好笑的,因為他們不知道規則,
所以當然會失敗。 🙂

**遊戲將持續進行,直到有一個孩子因為答案不存在而
無法回答。**重要的是,即使不可能,你仍然要用一個嚴肅的
表情問問題。你可以假裝不知道,甚至請另一個孩子幫助
前一個孩子解決問題,你的語氣暗示著問題是可能解決的。
通過這種方式,你將打破孩子對你的依賴。

許多時候孩子們會根據社交暗示來做出回應,而非透過
思考:破壞社交暗示的準確性。當一個班級在觀察社交
暗示方面特別出色時,我會刻意用臉部和聲音線索誤導
他們,然後對他們發出咩咩的笑聲。**哈哈哈!**

在上一頁中，我們看到解釋謎題的最佳方式——
在學生們還不知道規則之前就讓他們直接參與其中。
另一個方式是你事先做出一個例子。以下兩個例子
哪個更好？這有一個正確答案。
停下來思考一下。 😊

上方的嘗試是我解決這個謎題的第二次嘗試。
我解到了17。你的班級可能能夠做得更好，但不能
保證。這是它不是介紹問題的最佳例子的第一個
線索。出於要激勵學生的理由，你希望普通的
孩子在他們的最初幾次嘗試中就能超越
你的例子。

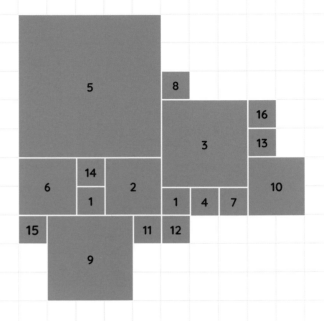

底部的例子是正確答案的第二個原因是因為它包含了
錯誤。這些錯誤可以被學生發現，以加強對謎題的規則
的理解。對規則的理解總是需要強化——這是一個
很好的藉口。讓你的學生找出你放置了2個數字而不只
是1個的錯誤（提示：11）。讓你的學生找到一個加法
錯誤（提示：5+6 = 12 ？）。

底部的例子是正確答案的第三個原因也與錯誤有關。
呈現一個帶有錯誤的「解答」有助於消除教室中對失敗
的擔憂。右邊的作品是一個失敗的例子。沒關係，
我們可以再試一次。**這是一個很好的轉換，可以讓
你的學生進行分組，讓他們試著做得比你更好。** 😊

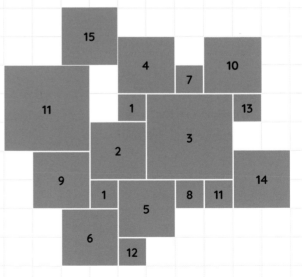

五年級的學生Nicholas、Ryan和
Nathan以29的最高記錄打破了
之前的紀錄！

一開始我向二十位教育家和數學家介紹了黏貼。在花費兩個小時解決這個謎題後,我們找到的最好結果是26。

八個月後,由三位五年級學生組成的小組找到了這個高達29的解答,這讓我很驚喜!

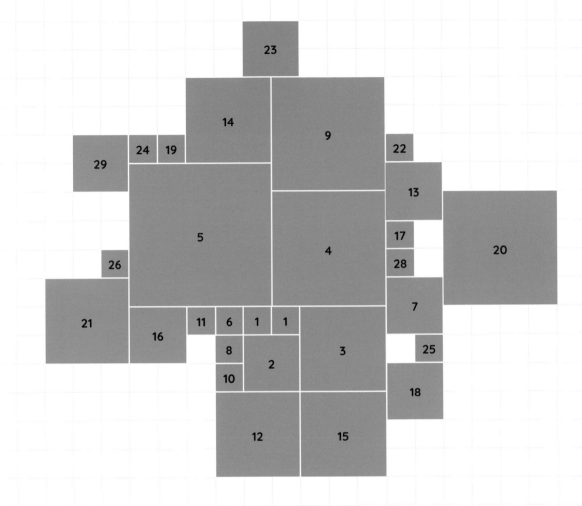

目前最佳解答由十三歲的 Tylan(來自加拿大亞伯達省的Innisfail)保持。**我不將解答寫出,而是讓你根據以下線索將它找出來!**

2=1+1	8=2+6	14=5+9	20=8+12	26=10+16	32=5+6+8+13
3=1+2	9=4+5	15=4+11	21=8+13	27=10+17	33=9+24
4=1+3	10=3+7	16=7+9	22=10+12	28=9+19	34=12+22
5=1+4	11=4+7	17=7+10	23=7+16	29=5+24	
6=1+5	12=2+10	18=5+13	24=5+19	30=7+23	
7=3+4	13=5+8	19=5+14	25=9+16	31=13+18	

這還不是一個無限的謎題，而只是一個單一的謎題。這帶有一些風險。在一個五年級學生的班級中，一個男孩問道："到目前為止，最好的答案是什麼？"

我最初的想法是拒絕回答，因為最好的結果太好了，沒有一個學生可以在一節課的時間內達到那個成績的一半。這可能會讓他們失去動力。

我的第二個想法是說謊——給出15的答案，這是不錯的，但也不太好。我最終選擇了這個方案，但這個謊言並不足以使這個謎題在教學上變得出色。在課堂接近結束時，一些學生小組的得分仍無法接近15...而其他學生小組則已經超過了15。

未能成功的學生因而感到難堪。

我們可以將Glue變成一個無限的謎題。不要總是從兩個1x1的正方形開始，讓我們嘗試一些更一般的情況。

* 選擇一個大於等於2的整數n。
* 將n個1x1的正方形黏貼到方格上，並在每個正方形上標上1。
* 黏貼一個標籤為n的正方形，然後是n+1，n+2等等（所有先前的規則仍然適用）。
* 嘗試得到盡可能高的數字。

這是我對n=3的第一次和第二次嘗試。
請注意，我們沒有使用標有 "2" 的正方形。

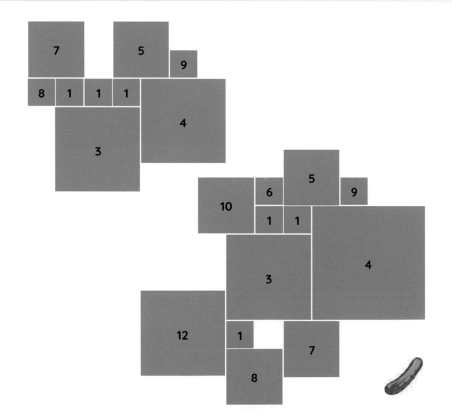

我享受了數個星期的"黏貼"，每次花費10到20分鐘的
時間，獨自解題或和我的丈夫一起。"黏貼"是一個冥想性的、
恰到好處的活動。它溫和地將我的嘗試轉換到困難的挑戰，
帶我回到輕鬆的數學遊玩。我的初步推測後來被證明是
錯誤的；我試圖將其他數學應用於解決整個問題的嘗試
也失敗了。我享受這種不知道問題會如何發展的狀態。

Maria Droujkova 是一位家長、課程開發者和數學教育顧問。
她出生在克里米亞，現在居住在美國東海岸。

二年級的孩子能夠玩這個數學遊戲，
但通常他們的書寫能力還不能讓它呈現出
漂亮的樣子。一種方式是在每節數學課上，
讓它作為整個班級一起進行的9分鐘活動。
每天掛起他們的新創作，這樣到一週結束時，
他們就有五個嘗試可以進行比較。

這個問題有足夠深度，你可以持續這個活動
一個月的時間，每一秒都將是值得的。

地球出擊

阻止敵方太空船偷走地球上的小黃瓜！
要擊落一艘太空船，必須摧毀它所有的圓盤
轉向器。你可以通過以非負的秒數射擊它們，
從而摧毀這些圓盤轉向器。

數字7看起來不錯，因為2+5=7。
然而，對地球而言，我們只有一台離子炮，
而在第5秒時，你試圖同時射擊兩個不同的
磁盤！這樣不好。太空船逃過了攻擊，地球上
的所有小黃瓜都被偷走了。

這樣好多了。所有的總和都沒問題
（3+2=5，2+6=8，5+8=13），而且沒有
重複的數字。你成功在13秒內摧毀了敵方
太空船。美洲、亞洲和澳洲的小黃瓜都被
偷走了，但是其他地區的人們仍然保有
小黃瓜。13秒太長了，無法拯救地球上
大部分的小黃瓜，但你仍被讚揚為英雄/
女英雄！恭喜！

也許你可以更快地摧毀敵方太空船？
劇透警告！

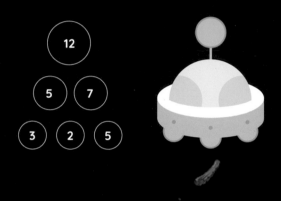

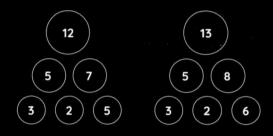

你在這用2秒、3秒和5秒時分別使用離子炮
射擊敵方太空船的後方。我們只繪出圓盤
轉向器而不是整艘太空船。

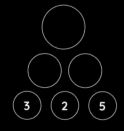

為了取得成功，你需要
擊中其他的圓盤轉向
器，使下方兩個圓盤的
秒數總和等於它們上方
圓盤的秒數。**讓我們完
成我們的攻擊…**

孩子們必需知道這是一種
幽默。如果這不符合你的風格，
你可以重新改寫故事，比如引導
這些太空船降落並提供需要
的援助。

讓成功與失敗變得模糊是這個
故事有趣的一部分。你祝賀他們做
得很好，但當然如果他們能夠拯救
地球另一半的小黃瓜就更好了。

摧毀這個太空船的最快方式需要**8秒**。

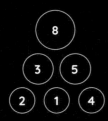

那麼摧毀這三艘太空船的最快方式
是什麼呢?再次強調,不能有重複的時
間,並且你的最大時間應該盡可能地少。

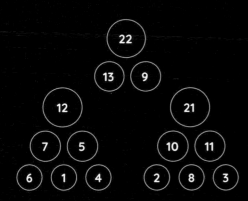

22秒很好。歐洲和美洲的小黃瓜都被
偷走了,但世界其他地區的小黃瓜已經
得救了!恭喜!

找到這些謎題的最佳分數並不容易。
我會試著做得比22秒更好:

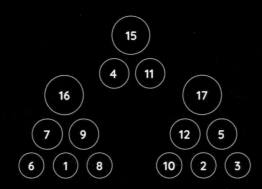

如果17秒不是最佳時間,我會感到驚訝,
但也有可能我漏掉了什麼。而對於這四艘
星艦,我也有信心說29秒是最佳的結果。

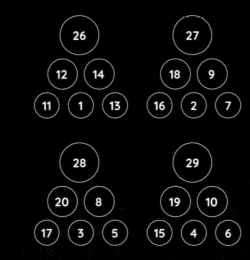

如果學生問起,他們是否可以使用
零。他們將很快會發現,使用零一點
好處都沒有。這是讓他們自己發現
的。根據規則,可以使用零。

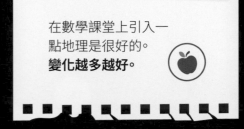

在數學課堂上引入一
點地理是很好的。
變化越多越好。

我原本認為對於這些有10個圓盤的星艦,
最佳時間是56秒,但我犯了一個錯誤。請將
它找出來! **Ed Pegg Jr.** 告訴我他在53秒內
擊落了這三艘星艦。

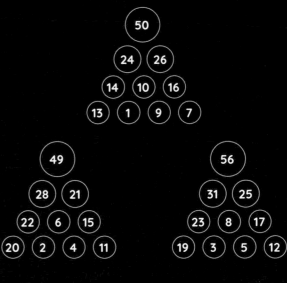

故事浮游艇

浮游艇具有內環和外環的圓盤。外環是通過將內環上最接近的兩個圓盤相加而形成的。

這個例子失敗了，因為在6秒和7秒時，離子炮不知道應該瞄準哪裡。

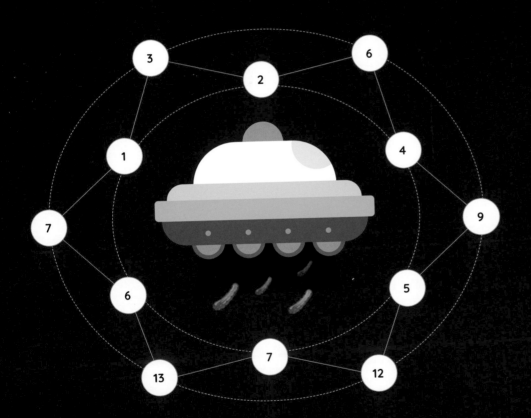

在這裡有一些發揮創意的空間。
太空船是什麼樣的形狀？
敵方浮游艇是什麼樣子的？對於
不願投入的學生，可以透過讚揚
他們的設計來將他們帶入至
解決問題的活動中。

使用1-6（以下）、1-8、1-10和1-12（以上）的整數來摧毀不同大小的浮游艇。

劇透警告！

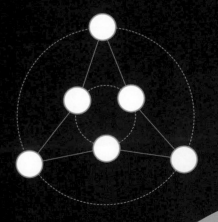

整數1到6可以摧毀這個三角形圖案的
浮游艇。數字1到12可以摧毀右側六邊形
圖案的浮游艇。然而，整數1到10無法使
五角星圖案的浮游艇被摧毀。

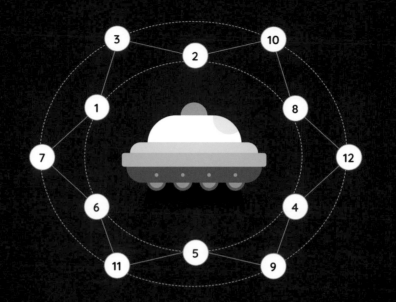

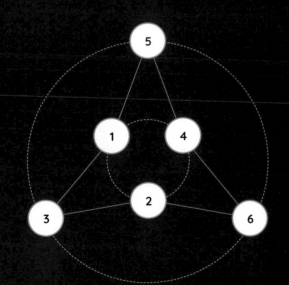

為什麼呢？ 因為外環圓盤上的數字
之和必須是內環圓盤上數字之和的
兩倍。(在繼續之前，請確認這一點是
正確的。原因是內環圓盤上的每個數字
在組出外環圓盤時會被計算兩次。)
這意味著所有數字的總和必須是3的
倍數。整數1到10的總和是55，不是
3的倍數。

嘗試一些有點創新的主題...
就像這個謎題和之後將青蛙投入
冒泡的大鍋子中的謎題一樣。
學生(尤其是那些男性荷爾蒙過多
的學生)通常會被一個有點刻薄的
故事劇情所吸引。

無聊的對話

小米寶經常做重複的事，
這可能變得很無聊。事情
已經被他們搞到很糟了。
**他們現在拒絕停在同一個
小米寶旁邊兩次。**

Zzz

例如，在上方的四個小米寶正在排隊等電影。
如果他們回去看續集，是否所有人都可以
排好而不會有兩個小米寶彼此相鄰兩次

劇透警告！

電影

續集

這樣的續集排列不成功，因為**紅色**和**青色**的
小米寶很開心，但**黃色**和**藍色**的小米寶之間
的對話會與看第一部電影時一模一樣，
這太無聊了。

以下是一種解法。 小米寶們可以開心地
排隊看電影和續集，而不必重複相同
的對話。

電影

續集

與人類群體不同，複製米寶在這裡既合法
又普遍。相同顏色的小米寶很樂意彼此交談...
但僅限一次。不同顏色的小米寶也很樂意
彼此交談...但也僅限一次。

412

有八個小米寶排隊看電影，一週後又排隊看續集。找到一種方式，讓它們排隊時，沒有小米寶在兩次排隊中重複與相同顏色的小米寶對話。這裡，**藍色**和青色的小米寶很開心，但**紅色**和黃色的小米寶在兩週中都會和對方對話。

以下是一種解決方案。這意味著 (3,2,2,1) 是可能的。當然，並非所有組合都是可能的。比如，(4,2,1,1) 是不可能的。

對於 **(3,2,2,2)** 的小米寶,你能找到方法使他們在圓桌中順利相遇兩次嗎?下面兩個方案沒有成功,因為:

- 紅色的複製米寶在兩個圓桌中都會和對方對話。
- 黃色和藍色的複製米寶在兩個圓桌中都會和對方對話。

劇透警告!

上圖展示了 **(3,2,2,2)** 的小米寶在圓桌中兩次相遇的方式。

- 對於8個小米寶的圓桌,怎麼樣的組合是可以成功的?
- 對於10個小米寶的圓桌,會是如何?
- 其他的圓桌呢?

16個小米寶學生組成了一個正方形的教室 **(4,4,4,2,2)** ,他們想要兩次相遇。每個小米寶與上、下、左、右的小米寶交談,但不包括對角線。你能找到一種方式讓他們相遇兩次嗎?下面的學生排列不是一個好的開始方式。☺

在圓桌中,最少需要多少個小米寶才能三次聚會?**你肯定需要超過五種顏色。**

劇透警告!

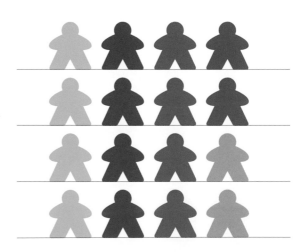

429

這個 (4,4,4,2,2) 的小米寶學生組成的
教室可以透過以下方式相遇兩次。可能
還有其他方式，但我認為它們都類似於
這種方式。

七個小米寶可以在圓桌中三次相遇。
我們無法招募少於七個來完成三次相遇，
因為每個小米寶每次必須與兩個不同的
小米寶交談。

對於不同大小的圓，有哪些組合可以讓
小米寶相遇三次？相遇四次呢？如果是
其他形狀又如何？

431

一個由十六個小米寶學生組成的正方形教室 (4,4,4,4) 想要兩次相遇。你能找到一種方式讓他們相遇兩次嗎？

這似乎是不可能的。**在這個頁面上，我展示了一些我美麗的失敗。**

它們真的很美麗，不是嗎？

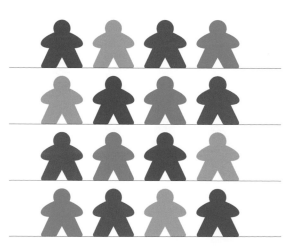

在解決謎題時，小孩和大人通常應該要從某種模式開始。

為什麼呢？

1. 因為人類大腦是擅長處理模式的。在特定的模式，比起隨意的嘗試解決方法更容易有洞察的發生。

2. 通常，解決問題的方式更多是隨機的，而非有規律可循。規律能夠解決比它們應有的比例更多的謎題。意味著即使你的大腦不太擅長辨識規律，它仍然是一個很好的起點來嘗試解決問題。

碳環蹦床

從前，在學期中間的某一天，化學家**Richard Smalley**做出了一個神奇的球。他並不知道它是神奇的，直到他透過它往下望。接著，他的腳離開地板，他的身體縮小了，然後被吸進了球中。

他在裡面被困了很長一段時間。為了給自己一點娛樂，他從一個碳環跳到另一個碳環，把它們當作蹦床。很快，他開始創造謎題。

例如： 從圓圈出發，理查德擲出了一個3，需要重新擲。然後他擲出了一個4，並往那個方向跳。其他一些跳躍需要多擲幾次骰子，但結果是確定的。他最終贏得了遊戲，他造訪了所有的蹦床。

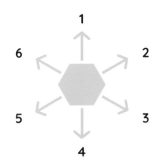

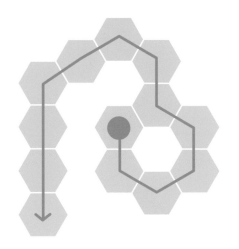

然而，如果他一開始擲出了一個2，他注定會失敗。

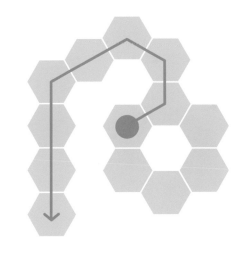

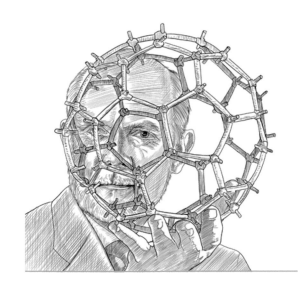

若起始的六邊形，是成功和失敗都有
可能的位置標記為黃色。

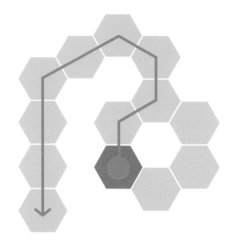

若起始的六邊形一定會失敗，標記為**橙色**。
不論Richard如何擲骰子，他從這裡開始的話
一定會失敗。

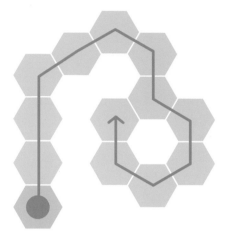

一定成功的起始六邊形被標記為綠色。
不論Richard如何擲骰子，他從這裡開始的話
一定會成功。

Google
搜尋
"Mathigon"，
以獲得幫助你製作
自己的謎題的
工具。

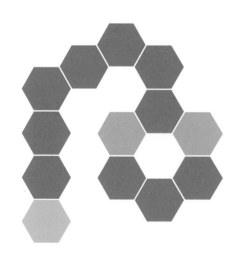

請在接下來的幾頁，將每個六邊形標記為
黃色、**橙色**或綠色。

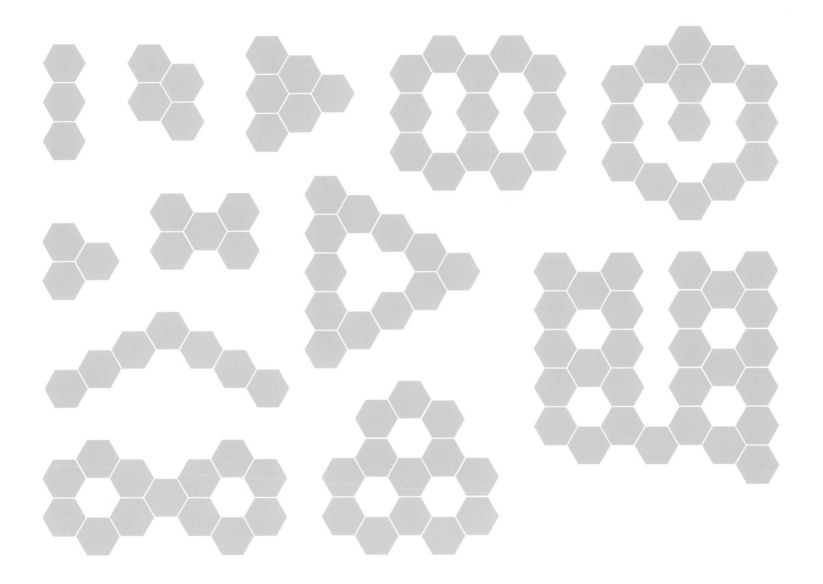

483

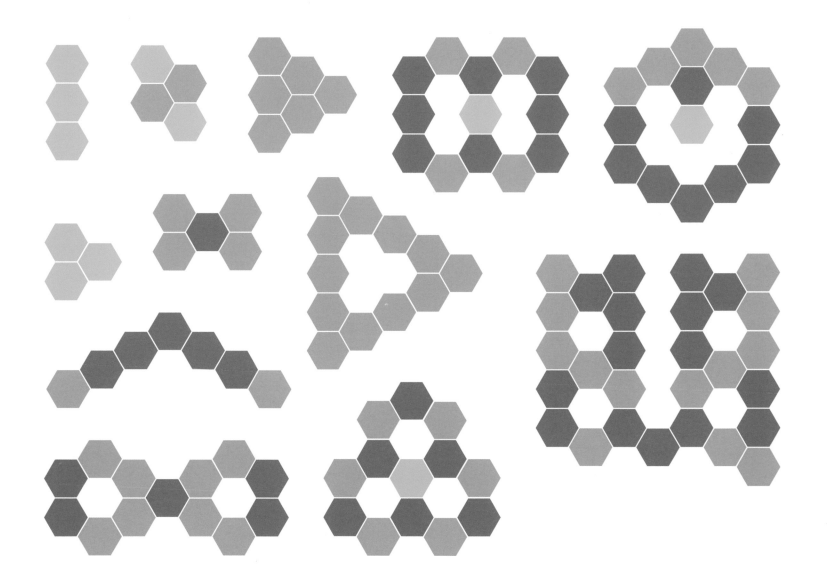

最後一頁的二十六個字母對多數的
數學家來說可能不太有趣，但你會
發現許多對抽象謎題感到害怕的孩子
會被這些熟悉的形狀所吸引。

到目前為止，這並不是一個無限的謎題。現在，我們要
把它變成一個無限的謎題，但只限於你們這些小黃瓜人！
找出從每個六邊形開始的勝率。最高的成功機率是1。
在所有謎題中，第二高的成功機率是多少？找出第三高到
第五高的成功機率。繼續下去…
劇透警告！

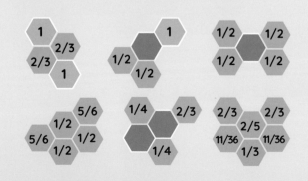

我找到的最高成功機率是1、5/6、29/36和3/4。
在那之後，我卡住了，而且我甚至不確定這些是否
是最好的。

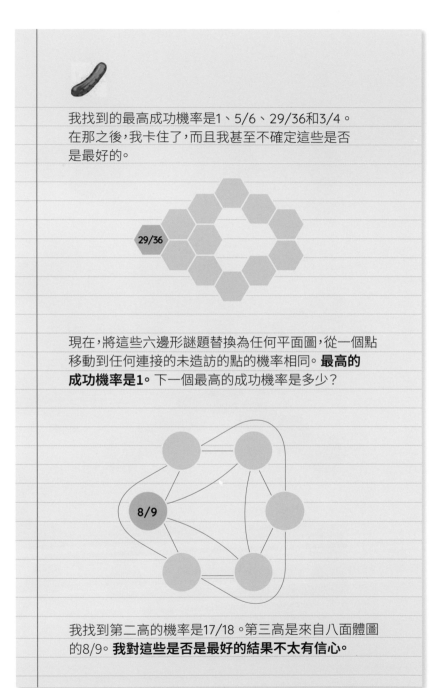

現在，將這些六邊形謎題替換為任何平面圖，從一個點
移動到任何連接的未造訪的點的機率相同。**最高的
成功機率是1。** 下一個最高的成功機率是多少？

我找到第二高的機率是17/18。第三高是來自八面體圖
的8/9。**我對這些是否是最好的結果不太有信心。**

497

Zuko和我非常喜歡嘗試不同變化的碳環蹦床謎題。
有件事變得清楚，那就是事情並不總是表面上看起來
那樣。我們可能會推測某些六邊形是某種顏色，但仔細
檢查後發現我們的假設是錯誤的。這個謎題同時對於
教導Zuko關於對稱性的概念有幫助。雖然有一些謎題
很接近對稱，但不是完全的對稱。Zuko還喜歡學習關於
石墨烯中的碳原子、Richard Smalley的事以及
巴克球的結構。

Anand Ranganathan (Zuko的父親)
Zuko 就讀於美國康乃狄格州斯坦福市的小學。
他喜歡彈鋼琴和吉他，與家人一起看劇和玩遊戲。

蟲蟲威利：牙籤迷宮

蟲蟲威利是一個好學生，但有時候會動來動去。
使用最少數量的牙籤，讓威利只有一種方式可以
捲曲起來。這樣行得通嗎？

所以讓我們把目標設定為找到最少數量的牙籤，
使得答案只有一對。這裡的七根牙籤不夠，因為還有
另一對答案。

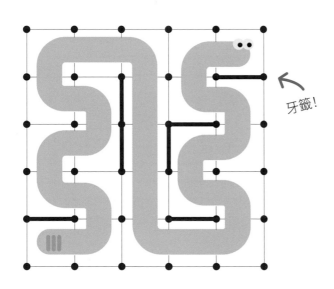

牙籤！

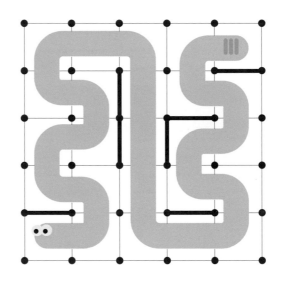

不行 - 因為如果威利找到一種像上面那樣的解法，
他可以只要頭尾交換就能找到第二種捲曲的方式！
答案總是成對出現的。

找出另一對答案。

劇透警告！

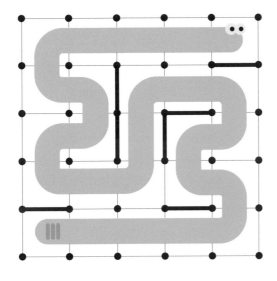

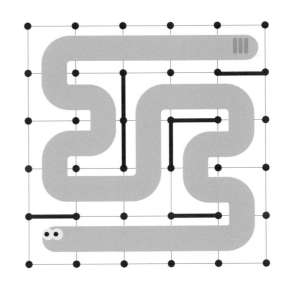

這是另一對答案。試著找出在5x5和6x6的方格紙上，只有一對答案存在需要的最少牙籤數量。**我將分享我找到的最佳解法。**對於6x6的情況，我未能成功找出只使用六根牙籤的解法。

我猜測對於6x6，最少需要七根牙籤。在你開始嘗試前，我不會告訴你我在5x5的情況下做得如何。更小的方格紙也很有趣。3x3的方格紙只需要兩根牙籤。這些4x4牙籤排列中有哪些只有一對答案？

劇透警告！

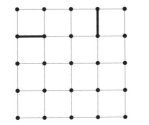

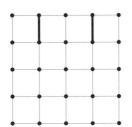

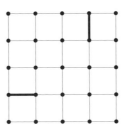

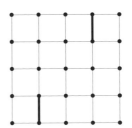

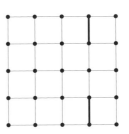

在5x5的方格紙上，我所需要的最少牙籤數量是四根。在6x6的方格紙上，使用六根牙籤的想法失敗了，但它非常接近成功！有兩對答案。😕

從現在開始，我不會再展示一對答案的兩個版本 - 看哪一邊是頭，哪一邊是尾並不會令人感到興奮。

在右邊，我們看到了4x4問題的答案。前兩個有多種方式讓威利捲曲起來。接下來的兩個是沒辦法成功的。**最後一個可以！** 只需兩根牙籤就足以確保威利只有一對捲曲方式。

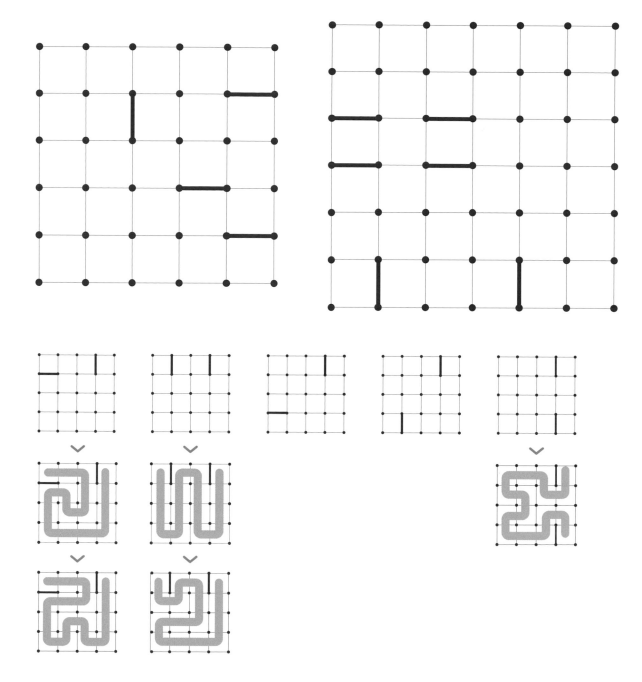

544

在5x5方格紙上，有其他方式可以放置四根牙籤得到答案。因此，如果你得到了不同的解法，請慶祝一下。☺ 如果你使用更少的牙籤得到了答案，哇！我會非常欽佩，但請檢查確保你的結果！

如果《無限的小黃瓜》沒有包含一個漂亮的失敗的話，那就不夠誠實了。 在寫書的前幾個月，我一直以為威利在右側的6x6方格紙上只有一對捲曲方式。但我錯了。如果你找到只使用六根牙籤，並且只有一對捲曲方式的解法，哇！我會持懷疑的態度同時又感到佩服！

我找到的5x5、6x6、7x7、8x8方格最少牙籤數量分別是4根、7根、10根和11根。

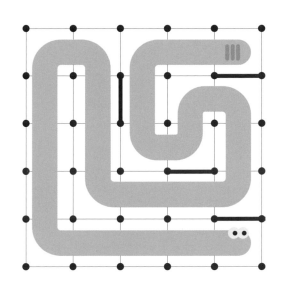

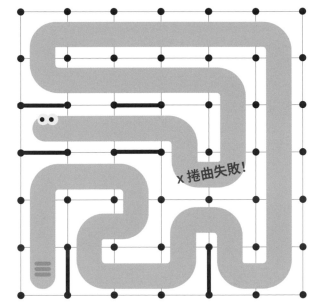

x 捲曲失敗！

威利沒辦法吸拇指睡覺，所以有時他會捲曲成一個環，吸自己的尾巴。

* 在2x2、3x3、4x4、5x5或6x6的方格紙上，最少需要多少根牙籤，讓他只有一種方式可以這樣做？
* 那麼對於寬度為2的矩形呢？
* 寬度為3呢？
* 寬度為4呢？

劇透警告！

學生可以提出自己的設計，接著其他學生嘗試找出多種讓威利躺下的方式。看到孩子們自然地專注於謎題的設計和謎題的破解是讓人著迷的。

形成一個環的想法來自Oscar，他是我線上課程中的一位七歲男孩。每當你從學生那裡得到一個好主意時，執行它是很有趣的！**謝謝你，Oscar。** ☺

這是我最喜歡的謎題之一。我並沒有將它視為一個動物，只是將它視為一個環。做出一個環與做一條線是不同的謎題。當變成環的問題時，通常更具挑戰性。我不確定為什麼更具挑戰性，但它就是如此。一旦將尺寸設置為四個方格或更多，或者從3x4開始，它會是有趣的。這有點結合了幾何與邏輯，也許還有一點圖論的元素。

Oscar 出生於紐約市，現在住在加利福尼亞州。七歲的他在所有方面都是一位數學家，只是缺少一個學位而已。他是自學的。

首先，讓我們承認對威利而言，對於任何有寬度為2的長方形方格紙，躺下形成一個環是極度無聊的。不需要任何的牙籤。

一個3x3的正方形和所有邊長為奇數的正方形會更加困難。事實上，它們是不可能的。**為什麼呢？**

考慮如果讓威利躺在一個剛剛塗上棋盤格圖案的方格紙上，他的身體會被塗上什麼顏色。當油漆乾了之後，威利最終會呈現出一種華麗的交替條紋圖案 - 一種具有偶數條紋的圖案！威利確定這之中存在著什麼矛盾。

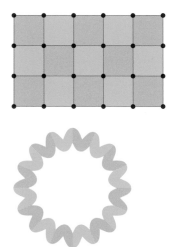

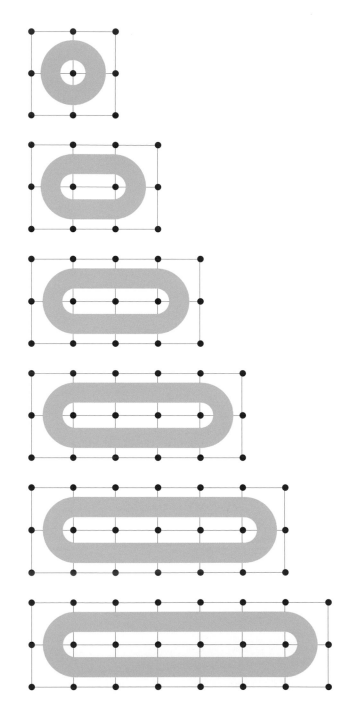

566

一個3x4的長方形需要一根牙籤;一個3x6的長方形需要兩根牙籤;3x8(如下所示)需要三根牙籤。這些牙籤可以全部放在左邊或全部放在右邊,也可以混合使用。這個模式在3x10、3x12等方格紙上依然成立。

一個4x4的正方形需要兩根牙籤。6x6的方格紙最多需要六根牙籤。這是最好的解法嗎?我不清楚。

4x10的矩形只需要四根牙籤! **這個模式可以延伸到寬度為四的更長的矩形上。**

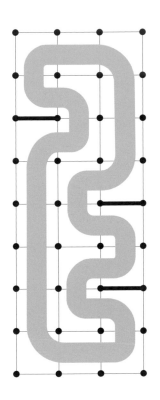

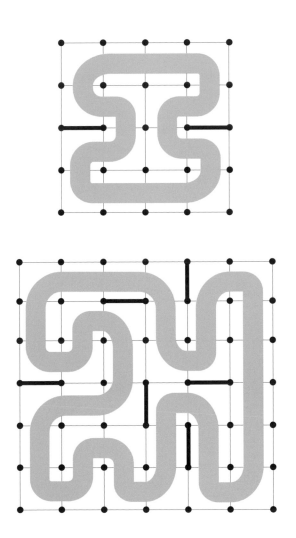

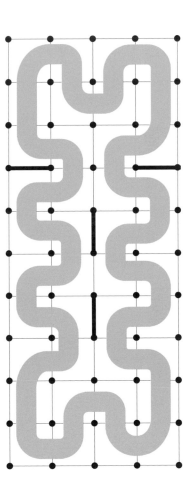

皮諾丘的玩伴

皮諾丘上學了。他身上有一種不幸的能力，會讓一些說實話的同學變成說謊人。

他的第一個班級有16名學生，教室是座位設置是4x4。

皮諾丘的老師要求旁邊（前後左右）正好有兩位志同道合的學生們舉起手來。

學生們該怎麼做？

* 一個說實話的學生只有在旁邊正好有兩個說實話的同學時舉手。

* 一個說謊的學生旁邊正好有兩個說謊的同學時，他們不會舉手。如果不是，他們會舉手。

老師問問題後，所有的學生都舉手了！
在這16名學生中，有多少個是說謊人，他們在這個4x4的教室中的位置可能是如何安排的？

劇透警告！

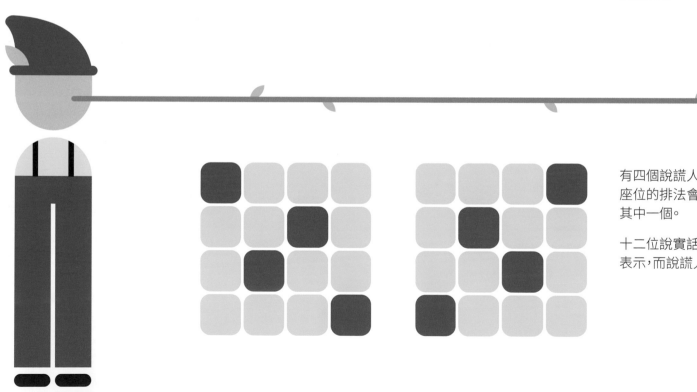

有四個說謊人。
座位的排法會是左圖中的其中一個。

十二位說實話的同學用綠色表示，而說謊人用**紅色**表示。

皮諾丘的下一個教室是5x5的教室。
老師問了同樣的問題,得到了同樣的結果!
全班都舉手了。有多少學生是說謊人,他們
可能如何坐在教室裡?

下面這個沒有成功。為什麼呢?因為中間的
學生是一個說謊人。他旁邊坐著兩個其他的
說謊人,如果他舉手,他就說實話了。

5x5的教室,只有一個解答。一共有
9個說謊人和16個說實話的學生。

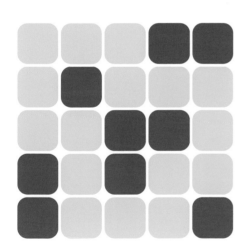

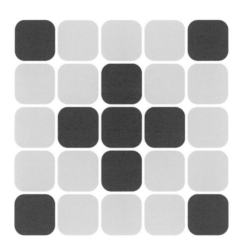

放學的時候,學生們會在走廊上排隊。
而走廊的寬度只能容納兩名學生站在一
起。對於任意偶數名學生,找出所有說謊人
和實話人的排列方式,使得當老師問到
他們旁邊是否正好有兩位志同道合的同學
時,全班都舉手。這個走廊探索活動是由
台灣教育家**曾勤智**提出的。

劇透警告!

當學生們在走廊上排隊時，只有一種排列
方式——除非學生人數是3的倍數，那麼會有
兩種方式。

2個學生

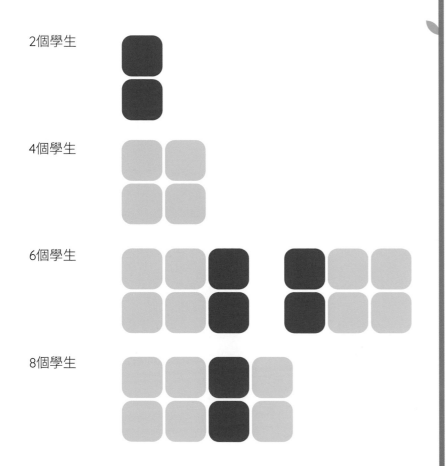

4個學生

6個學生

8個學生

10個學生

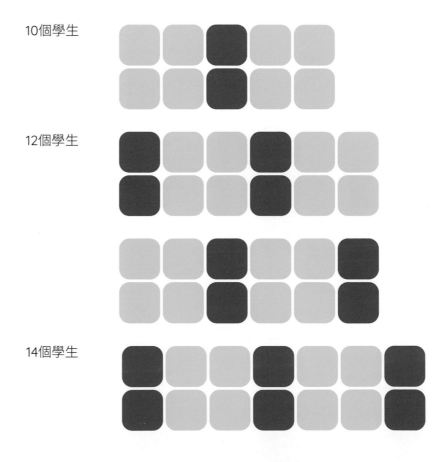

12個學生

14個學生

什麼樣教室可以讓全班都舉手？
教室是5x6、5x7、6x6或6x7時，可以做到嗎？
下面6x7的矩形不符合要求，因為第二排的
一些學生不會舉手。

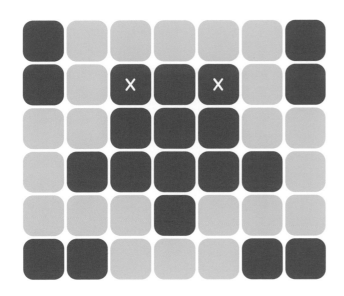

6x6、7x7、8x8和9x9的教室可以讓所有學生都
舉手。在每種情況下，你知道班上說實話的學
生數量嗎？

劇透警告！

**幾周前，我在課堂上讓學生玩一些誠實人與說謊人
的問題，接著我們討論了《皮諾丘的玩伴》。
效果很不錯。**

**與Gord原來只關注正方形和較大的長方形的謎題
不同，我鼓勵孩子們找到寬度為2時的長方形規律。
我告訴Gord這樣的想法，他也將它納入其中，並將
謎題延伸到壁飾圖案（Frieze Patterns）。**

曾勤智會透過摺紙和益智謎題來教數學。他開發數學
課程、設計自己的謎題，並且有在台北協助規劃數學
桌遊的營隊。

這是5x6、6x6和6x7矩形的解法。
我認為5x7的矩形是不可能做到的。

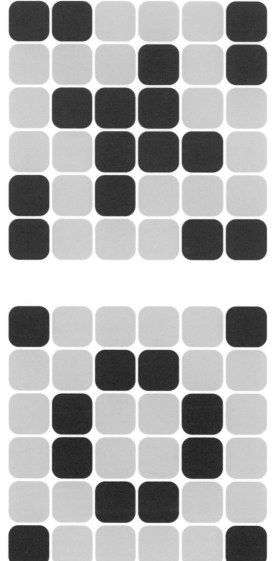

5x6

經常地給你的班級
提供不可能的問題。

6x6

6x7

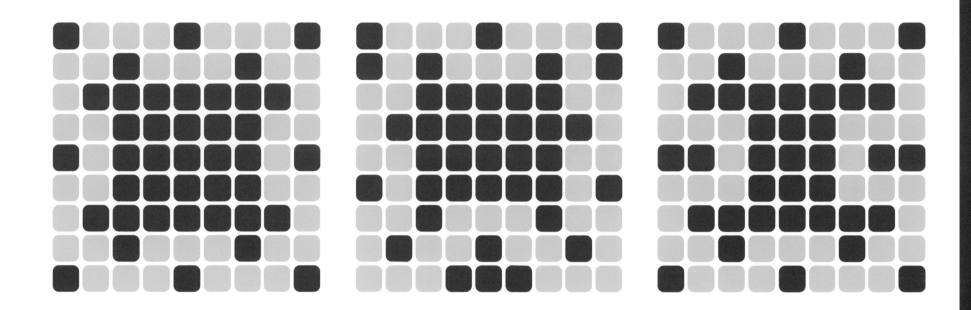

在6x6的教室中，有20或24個說實話的人。
7x7的教室中有28個說實話的人。8x8的教室
中有32個說實話的人。所有更大的正方形
可以有不同數量說實話的人。上面9x9教室中
說實話的人數介於40到44之間。

當皮諾丘畢業後，他發現他的說謊技巧非常有價值。
根據政客皮諾丘的說法，有無限多的人排隊聽他演講。
如果走廊有兩個寬度，找出一些能夠支持皮諾丘的說法
的週期性模式。**哪些週期是可能的？**
劇透警告！

每2人重複

每6人重複

每8人重複

每10人重複

每12人重複

每18人重複

每20人重複

每22人重複

每26人重複

我們可以根據重複頻率來分類這些答案。最下面一個答案是每26人重複一次。找出如果走廊寬度為3、4、5、6或7時,無窮多人要如何排隊。其中一個寬度可能無法找到答案,

我尚未找到解答。哦!還有一個規則:我們必須拒絕像最上方那樣有一列全是說謊者的解答。**說謊人知道他們需要做得比那樣更聰明!**

週期4、14、16和24看起來似乎是無解的,但26之後的每個偶數週期都是有解的。

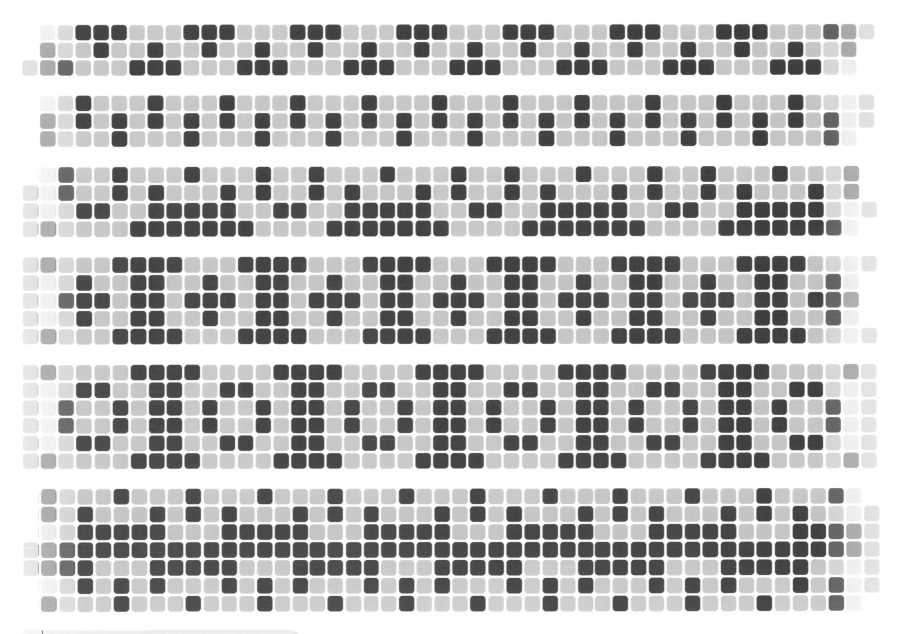

這兩頁僅寫給瘋狂於
這個問題的人。

我尚未找到走廊寬度為7的解答。
上面答案失敗的原因是它有一排全是說謊的人。

以下這些小小的2x2教室裡誠實人和說謊人的座位要怎麼安排？正如你所看到的，並非所有學生都舉起了手：

這是由**Vinay Nair**提出的介紹皮諾丘的玩伴的方式，他是印度孟買郊區「Raising A Mathematician Foundation」的聯合創始人。以下是一些答案，綠色代表說真話的學生。最右邊的2x2教室是辦不到的。

這裡有一些皮諾丘的玩伴在3x3的教室中坐著。如何安排座位可以產生這些舉手方式？

以下是一些產生這些舉手方式的座位安排：

你是否注意到，不對稱的座位模式有時會導致對稱的舉手模式？相反的情況是否也成立？對稱的座位模式是否能夠產生不對稱的舉手模式？不，這就是皮諾丘的顛倒熵！事物可以變得更有組織，但不會變得更加混亂。

對於n個學生的教室，誠實人和說謊人有2^n種座位方式，舉手的模式有2^n種。皮諾丘的顛倒熵產生的一個結果是，並非所有的舉手模式都會出現。

舉手模式中有哪些是不可能的？哪一種你認為可能是最常見的？

想像一下，當3x3教室的課堂結束後，一群新的皮諾丘的玩伴進入教室。說實話的人坐在前一節課舉手的人的座位上，說謊的人坐在其餘的座位上。這樣一節一節課地重複。以下是一個例子：

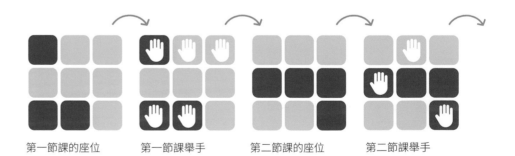

第一節課的座位　　　第一節課舉手　　　第二節課的座位　　　第二節課舉手

請找出在6x6教室中，說實話的人和說謊的人在二堂課都坐在相同的座位上的所有座位安排。

有八種方式使6x6的教室在每節課之後保持相同的座位安排。這是其中的四個。另外四個只是將說謊人和說實話的人互換位置。

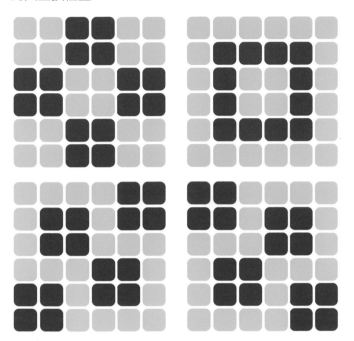

學生喜歡創造和玩自己的變體謎題。大多數變體可能是微不足道或者不太有趣的，但是讓學生意識到規則是被創造出來，並且是可以被改變的，是一種思想的解放。即使你決定不追求任何變體，這也是有益的。

以下是與10歲和11歲學生進行十分鐘腦力激盪後提出的最佳建議。在每種狀況下，我都放上一個學生的假設。一個活躍的數學課的特徵是有很多錯誤與正確的假設，因此不要期望所有的假設都是正確的。

IDEA #1 — 沒有人！
與其讓每個人舉手，不如讓每個人都不舉手。

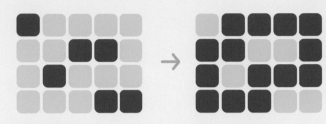

所有人舉手　　　　沒有人舉手

假設： 將原本謎題教室中說實話和說謊話的人互換位置，可以找到這個謎題的解答。

IDEA #2 — 一半和一半！
與其讓所有學生舉手，不如讓正好一半的人舉手。

這是2個4x4教室的解答：

假設： 所有解答都有50%的說謊的人和50%的說實話的人。

IDEA #3 — 對角線！
原本讓學生在旁邊（左右前後）坐著正好兩個志同道合的同學時舉手，改為老師問他們對角線的旁邊是否正好有兩個志同道合的同學。以下是一個5x5教室的例子，所有學生都舉手：

假設： 所有解答都的角落都是說謊的人。

冒泡的大鍋子

馬克白的女巫們正在製造麻煩。

從青蛙1號開始,依序將青蛙放入鍋子中,然後是青蛙2號,以此類推。如果兩隻青蛙在鍋中相加等於新加入的青蛙,就會發生爆炸.

現在是時候將青蛙7號加入下面的一個鍋中。你會選擇哪個鍋?

這是一個惡作劇的問題,因為無論哪個鍋,都會發生爆炸:左邊鍋中的2 + 5 = 7,右邊鍋中的3 + 4 = 7。

重新從青蛙1號開始。**你可以加入多少隻連續編號的青蛙而不引發爆炸?**

劇透警告!

685

對於年幼的孩子，不要一開始就介紹規則，而是先讓他們
產生情感參與。盡量讓多一點孩子對這個進行中的謎題
做出點貢獻。

> **老師：** Anna，你想把青蛙1號放入哪個鍋中？
> **ANNA：**「橘色的那個。」
> **老師：**「Alonzo，你想把青蛙2號放入哪個鍋中？」
> **ALONZO：**「一樣是左邊的那個。」

孩子們仍然不明白發生了什麼。沒關係，孩子們習慣於以
這種方式學習。繼續下去，直到...

> **BEATRICE：**「把青蛙7號放入右邊的鍋中。」
> **老師：**「哎呀！它爆炸了！Beatrice，你被魔法黏液給
> 黏住了！為什麼呢？因為鍋中已經有兩個數字相加等於7...
> **BEATRICE：**「3+4=7」。

孩子誰不喜歡被黏住呢？被「黏住」其實意味著「失敗」，但
透過對這個詞開點玩笑，你可以在教室中移除對失敗的擔憂。

> **老師：**「如果你選擇了另一個鍋，能避免被黏住嗎？」
> **BEATRICE：**「是的...不...2+5=7」
> **老師：**「沒錯，無論妳做什麼，最終都會被黏住！
> 哈哈哈!」

教育家Skona Brittain將規則保留了比我更長的時間。
她讓學生們通過反覆的爆炸來發現規則。
我一定也要試試！

Issai Schur 是一位俄羅斯數學家，他在柏林大學向Ferdinand Frobenius
學習（Ferdinand Frobenius的硬幣問題也是很值得放進這本書的問題）。
作為納粹時期德國的猶太人，Issai被剝奪了所有學術頭銜；他於1939年
逃到巴勒斯坦，最終陷入貧困而去世。

《冒泡的大鍋子》靈感來自於他的研究工作。

我喜歡在萬聖節前後做這個活動-事實上，我還特別為
這個活動買了一些小塑膠鍋。我已經成功地與各年級的
孩子進行過這個活動，從一年級到八年級都有。這個基本
謎題涉及算術練習和邏輯思考。並且拓展到其他數列時，
還會揭示出有趣的數論性質。和Gord大多的謎題一樣，
這個活動允許孩子們通過修改數列來創造他們
自己的版本。

Skona Brittain 為一位有奇特數學時鐘的
企業家。她與她的孩子Shelly和Sandy一起
投入到家庭學校教育中，現在經營著一個
奇特的數學圈，叫聖巴巴拉數學橢圓。

690

這個無限的謎題由數學家Issai Schur於1916年首次探索。當一組學生找到一種可以將八隻青蛙放入兩個鍋中的方法（這是他們能做到的最好的結果；九隻青蛙是不可能的），只需給他們以下其中一個挑戰：

- 從1開始，盡可能將奇數編號的青蛙放入兩個鍋子中。
- 盡可能將偶數編號的青蛙放入兩個鍋子中。與之前一樣，你必須從最小的偶數開始，然後慢慢增加…2、4、6、8、10、12、14、16等。你能做到的最好結果是16。（16正好是原始謎題中的8隻青蛙的兩倍嗎，這是巧合嗎？）
- 盡可能將青蛙放入三個鍋子中。最佳答案如下。我還不曾讓二年級的學生在課堂上找到這個答案。

- 存在一個神奇的金色鍋子。盡可能將較少的青蛙放入其中。放入金色鍋子中的數字不會引起爆炸。從兩個鐵鍋和一個金鍋開始。除以五的餘數相同的數字必須放入同一個鍋中。這個延伸和下一個是給較年長的學生的。它們出自茉莉亞·羅賓遜數學嘉年華(Julia Robinson Mathematics Festival)。
- 使用所有的鐵鍋，選擇平方數、立方數或斐波那契數列中的數字。同樣的目標是試圖將盡量多一點的數字放入一定數量的鍋中。
- 如果一個鍋子只有當鍋中的三隻青蛙的總和等於要放入的青蛙時才會爆炸，這時用兩個鐵鍋，你可以放入多少隻青蛙呢？
- 如果鍋中只有恰好一對青蛙的和等於要放入的青蛙，結果會如何？這時候當兩對青蛙的和都等於要放入的青蛙，不會發生任何事情。

榕樹

一棵孤單的榕樹，年復一年地將它的根深深地扎入土地。
這是它經過十年、二十年和三十年時的圖片。

榕樹的根會如何生長？有一些簡單的規則可以發現。
在30-20-14-10-6-4-3-2-1這條根之下，下一個數字會是什麼？

劇透警告！

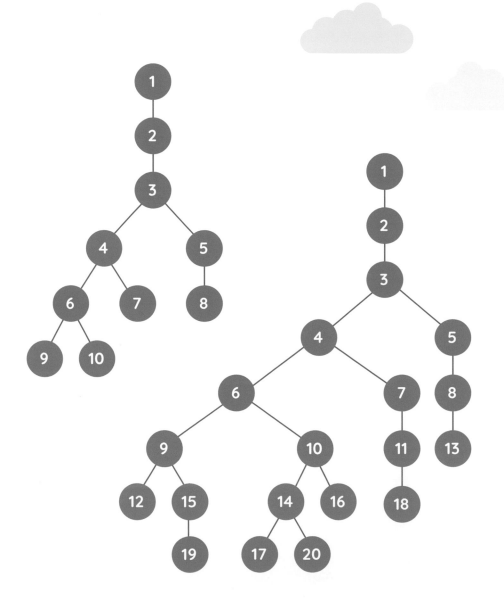

720

在課堂上，這些根應該一個一個的呈現出來，請孩子們：

- 預測下一個整數可能出現的位置。
- 進行觀察。
- 對規則是什麼提出假設。
- 排除不符合觀察結果的假設。

這就是科學方法。具有諷刺意味的是，教授科學方法的最好方式一開始並不是在科學課上透過讓孩子們深入大自然、弄髒雙手，而是在數學課上通過像這樣的小型數學宇宙（例如榕樹）來教授。為什麼呢？因為現實宇宙的規則是複雜而難以發現的，而小型數學宇宙的規則則被設計成可以被發現。

在課堂上，錯誤的假設和正確的假設在數量上應該要是相當的。這是表明孩子們願意開放地討論自己想法的最好指標。如果你得不到足夠多的錯誤假設，可以明確要求一些錯誤假設。「有什麼假設是我們知道是錯的呢？」

這是同一棵樹60歲的時候。以下是一些觀察的結果：

- 沿著每根根部向下，整數變得越來越大。
- 每個整數1-60只出現一次。
- 一些根似乎只會有偶數。
- 左側部分（6-9-12-21-33-39）都是3的倍數。
- 隨著根部的生長，數字在水平方向上散開。
  例如，9和10曾經很靠近。
- 某些根，如13和24，似乎已經停止了生長。

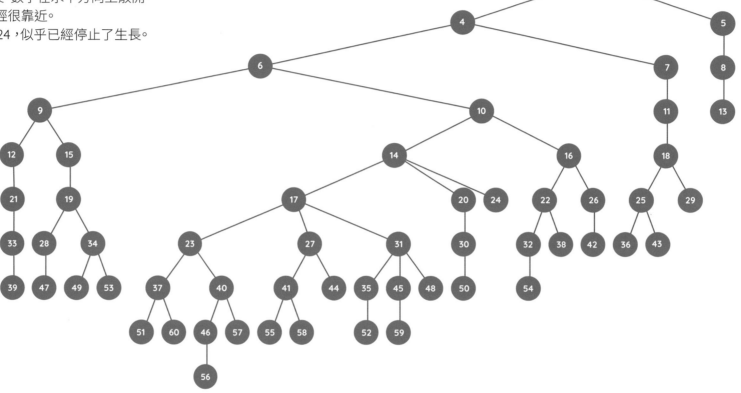

以下是描述這棵孤單榕樹在2之後的生長規則：

- 整數在兩個不同數字的和上生長。例如：
  數字14在根部**10**-6-**4**-3-2-1上生長，因為
  14=10+4。
- 如果有多種選擇，它會生長在其中最小的
  數字上。例如：數字14不會生長在根部**11**-7-
  4-3-2-1上，因為它更傾向於生長在較小的

數字10下面。

- 在一個數字下面的長出的數從左到右增加。
  例如：在31下面有35-45-48。
- 數字位於其下面數字的中間。例如：14
  不在17的左側也不在24的右側，而是在
  它們中間。

- 根部最底層的數字在左右方向上是等距
  離分佈的：39-47-49-53-51-60-56-57-55-
  58-44-52-59-48-50-2454-38-42-36-43-
  29-13。
- 具有相同數量的根有相同的深度。

732

孤單榕樹的根呈現混亂的特徵。其他的榕樹的
規則則產生了導致出現重複的模式。

你能找出這棵孤單榕樹的親戚的規則嗎？

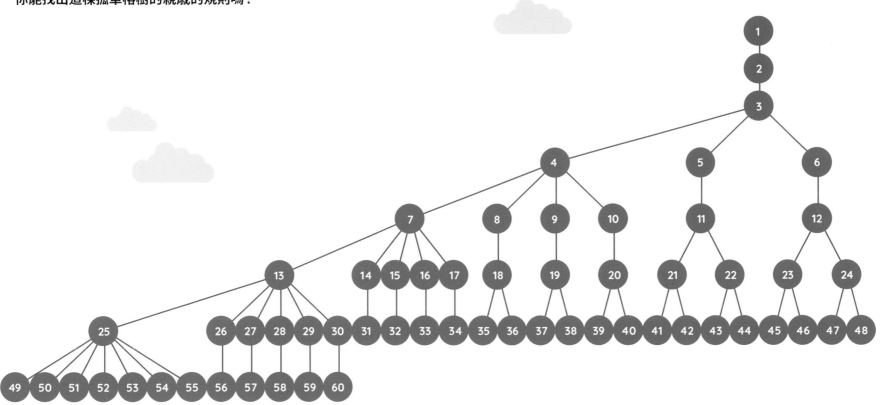

它的規則與孤單榕樹的規則完全相同，
只有第一條規則不同。取代只能兩個不同的
整數相加，可以兩個或更多的整數相加。
例如：數字15在根部7-4-3-2-1上生長，
因為15=7+4+3+1。

**對這些獨自聳立的孤單榕樹的討論已經夠了！
現在是時候探索無限森林了！**

這裡是無限森林中兩棵60歲樹的根部。無限森林中的所有樹的根都按照相同的規則生長。你能找出這些規則是什麼嗎？

劇透警告！

以下是無窮森林中最重要的規則：

- 所有根部都以1開始。
- 每年，下一個整數生長在一個根部上，此整數是兩個數字的和，但與我們之前的樹不同，這些整數可以相同。
  例如：數字32在根部16-8-4-2-1上生長，因為32=16+16。

- 每次生長都必須在最短的根部上。例如：在較低的樹中，數字17在一個長度為5的根部上生長：16-8-4-2-1（17=16+1），而不是長度為6的根部：15-10-5-3-2-1（17=15+2）。通常會有多個同樣短的位置可以選擇。正因為可以選擇，無限森林中存在著無限多棵樹。

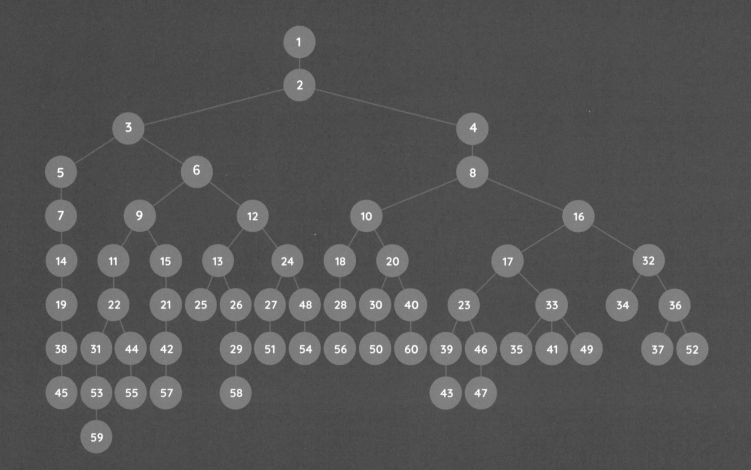

樹木在無限中擔心它們的根太深。對於某些數字而言,沒有選擇的餘地。數字6總是位於相同的深度。它可以位於6-3-2-1(6=3+3),深度為4,如上方所示;或者位於6-4-2-1(6=4+2),深度為4,如左方所示。

可以在兩個不同深度的最小數字是多少?

劇透警告!

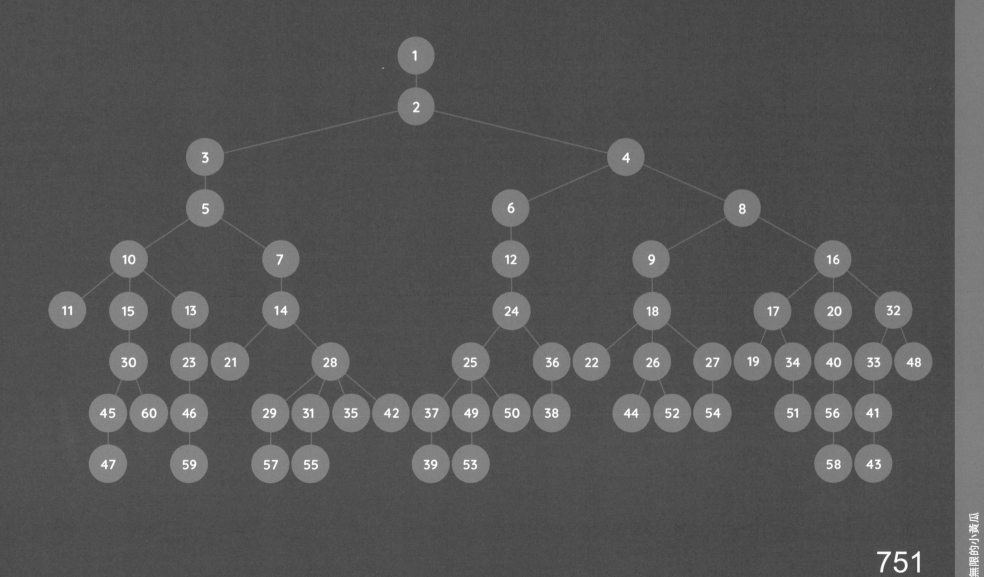

可以在兩個不同深度的最小數字是15。
它可以是一個深度為6的根的一部分，例如
15-9-6-3-2-1，或者是一個深度為7的根的
一部分，例如15-11-10-6-4-2-1。

**我不知道可以在三個或四個不同深度的
最小數字是多少。**

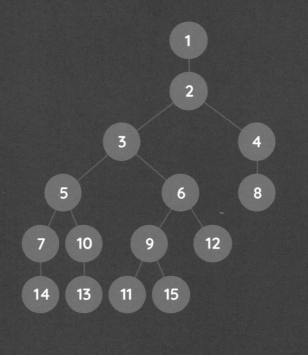

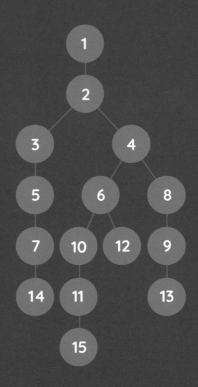

兩棵無限老的榕樹之間，用尋找一個比對方還深的
最小的正整數來較量。較深的那棵樹將輸掉比賽。
**存在一棵從不輸掉比賽的無限老榕樹。它存在，
但它根的分支的情況仍然是一個謎。**

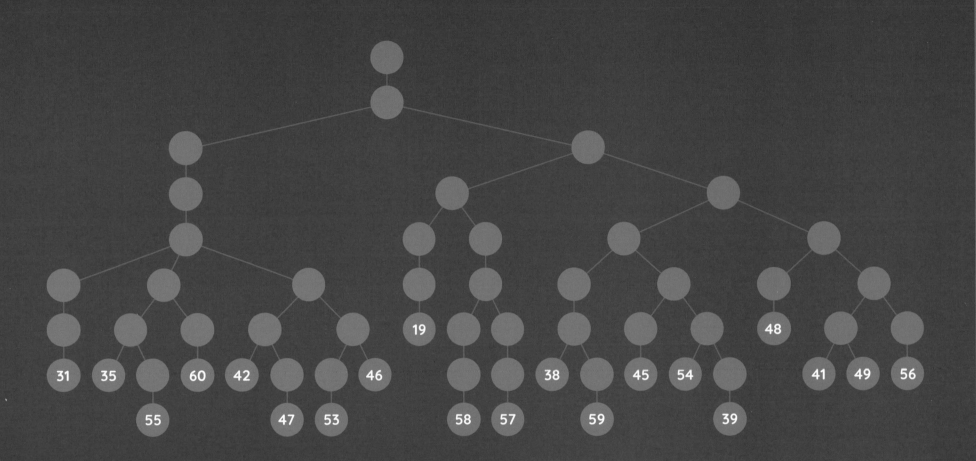

這個謎題中，每個根最底下的數被寫了出來當作提示。
在無窮森林中的所有這類謎題是否都只有唯一的榕樹
作為答案？無限老的樹是否能夠被解開？這兩個問題的
答案我都不知道。

該謎題的解答在下一頁。
劇透警告！

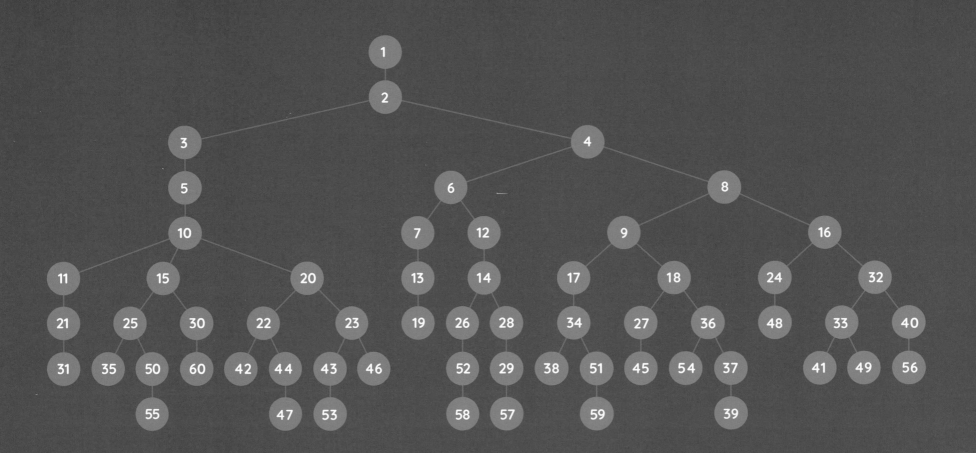

嗨，

我是戈登‧漢密爾頓 (Gordon Hamilton)。家中有兩個青少年孩子，但在專業上，
我以發明桌遊，例如《聖托里尼》以及作為 MathPickle.com 的總監而聞名。

十八年前，當我的兒子即將出生時，我想看看他的成長過程中會遇到
什麼樣的教育。我自願成為加拿大卡加利裡一所當地學校的數學活動中
的象徵性數學家。

我在展覽中四處遊蕩，解謎並享受與學生們的互動。然後，發生了一件事情。
一個五年級的女孩向我解釋她的謎題。這是個廣為人知的謎題，但對當時的我
來說是新的。我試圖用各種方法解決它。她知道我是數學家。我越是努力，
她那邪惡的微笑就變得越寬。

我直到回到家才解決了這個謎題，但離開學校的時候，我意識到我的失敗
是我能給予那個女孩最棒的禮物。

MathPickle和這本書正是那次相遇的直接結果。

譯者註：2016年，我到日本學習數學教育，我想利用留學的時間蒐集各種有趣的數學活動。
我在那時接觸到 Mathpickle，並發現裡面的活動正是我想要的。Mathpickle 裡有許多具有
挑戰又有趣的數學問題。受到這些活動的啟發，我也開始嘗試去發現和設計適合在國小各個單元
使用的數學謎題，並將其中一個我最滿意的作品與 Gord分享，這個作品可以在 Mathpickle 上找到。

數學狂歡節是我回到台灣後與學次方合作第一個嘗試舉辦的大型數學活動，讓親子一同參與挑戰
有趣的數學謎題。學次方是一個實驗教育團體，也是我目前的合作夥伴之一。他們致力於用真實
PBL(Problem-Based Learning 問題導向學習)，成就一世代的終身學習者。救國高中生學業內的數
學是我目前的主要工作。此外，我也有一直持續在蒐集與設計有趣的數學活動，希望能夠讓更多台灣
的孩子接觸到像 Mathpickle 這樣有趣的數學活動。

——曾勤智

來咬
一口蘋果

- 教育是一門實驗科學。

- 算術被過分強調，速度被過分強調。慢一點，我們需要將大部分課堂時間用解決在困難的問題上。

- **數學必須是難的！** 數學教育的主要目的是教導學生思考。如果有人說他們會讓數學「變得容易」，遠離他們，因為他們完全搞錯了重點。

- **為什麼我們教授數學？**
  第一個原因是：我們教授數學，是因為即使數學被遺忘，仍然有一些東西依然存在。

- 嘗試在宗教、政治、文學甚至科學的背景下教授嚴謹的思考，這並不有效。
  選擇數學吧。

- 如果我必須在一個能快速背誦乘法表的六年級孩子和一個思緒敏捷能夠在桌遊上贏我的孩子之間選擇，我會選擇能夠思考的孩子。希望我不需要做出這樣的選擇。

- **給失敗獎勵。**

- 正是透過每天不斷面對失敗，學生才能擺脫對失敗的擔憂，全心投入。

- 家長經常要求加快資優學生的課程進度。這些學生從一個成功跳躍到另一個成功，直到上大學時才遭遇挫折。失敗需要成為所有孩子（特別是具有天賦的孩子）從幼兒園就開始的課堂經歷。

- 體育和數學是唯二能給教育者提供明確反饋的學科。學生要麼灌籃成功，要麼失敗。答案要麼對，要麼錯。這種明確的反饋是教授學生如何行動和思考的完美媒介。

- 有些教育者過分強調「真實世界」的問題。但「真實世界」與課程好壞並不相關。判斷一個課程問題好壞的唯一相關問題是：**它是否能夠全方面的激起學生的能力？**

- **不要打斷！** 數學課還有5分鐘就結束了，有85%的學生參與其中。是時候進行反思了嗎？可能不是。

- 就像我們沒有一門叫做「詞彙」的課程一樣，我們不應該有一門叫做「數學」的課程。

- 將小學的數學課程重新命名為「問題解決」。這些課程會使用數學解決有趣的謎題。

- 如果一個學生不想展示他們的解題過程，不要抱怨，給他們一個更難的問題。

- 每天提出一個不可能的問題。如果你的學生不相信你會給他們漂亮、值得尊敬的問題，數學課將變得不可預測又令人愉悅。

- 不要將數學包裝成漂亮、整潔的形式，而是**以問題作結。**「我想知道我們是否能夠用四個圓來做一個文氏圖？」

- 在設計課程時的首要目標不是讓它**簡單**，而是讓它**有趣、引人入勝**。

- 科學方法一開始應該先在數學課堂中教授。學生應該去猜測一個被創造出來等著被揭示其秘密的小型數學宇宙的規則。真實世界的法則太複雜了。